꽃집의
주요 상품

거베라

골든크레스트(율마)

과꽃

국화

글라디올러스

금잔화

금전수

꽃기린

꽃베고니아

덴마크무궁화

덴파레   드라세나맛상게아나   디펜바키아   마지란타(드라세나콘시나)

만량금   맨드라미   몬스테라   무늬벤자민고무나무

백일초   부겐빌레아   부바르디아   산세베리아

셀럼

스킨답서스

스타티스미스티블루

스타티스시넨시스

스토크

스파티필럼

시클라멘

아글레오네마오로라

아라우카리아

아프리칸바이올렛

안스리움

알로카시아

알스트로메리아

옥시페탈룸

왁스플라워

용담

원통산세베리아(스투키)

유스토마(꽃도라지)

유칼립투스

인도고무나무

자라송이풀(켈로네)

장미

장미베고니아
(엘라티오르 베고니아)

천일홍

칼라

칼랑코에

콜레우스

크로톤

클레로덴드론

킹벤자민고무나무

테이블야자

파키라

팔손이

포인세티아

프리뮬러

프리지아

하이페리쿰

해피트리

홍콩야자

세계
각국의 꽃집

중국 상하이

일본

일본

일본

타이완

타이완

타이완

스페인

스페인

오스트리아

헝가리

영국

영국 꽃집의 상품

사업자가 꼭 알아야 할

꽃집 창업 성공 비밀노트

허북구·강나루·박윤점 지음

중앙경제평론사

머/리/말

'사업 따위를 처음으로 이루어 시작하는 것'을 창업(創業)이라 하는데 본래 뜻은 '나라나 왕조 따위를 처음으로 세우는 것'이다. 그만큼 모든 것을 걸어야 할 정도로 중대한 일이라는 것이다. 돈을 벌기 위해 돈과 시간을 투자하는 것이 창업인데, 그 성공 확률이 높지 않아 자칫 돈과 시간만을 잃을 수 있는 것이 현실이다. 꽃집 창업의 무게 또한 가벼이 여길 수 없으므로 창업하기 전에 불확실성이 높은 요소들을 최대한 제거해야 한다.

꽃집 창업에서 불확실성이란 크게 두 가지로 구분할 수 있다. 하나는 경영 측면에서 볼 때 개업 후 확실하게 계획대로 수익률을 올릴 수 있는가 여부이다. 다른 하나는 꽃집이라는 분야의 전문적인 특성에 관한 것으로, 직면한 문제에 효과적으로 대처할 수 있는가 여부이다.

저자들은 이 두 가지 중 업종에 관계없이 공통적으로 적용되는 부분은 가능한 배제하고, 꽃집이라는 분야와 관련된 사항들을 이 책에서 집중적으로 다루었다. 저자들은 원예학을 전공하였기 때문에 꽃과 꽃집 특성에 관한 자료가 많기도 하고, 현재 시중에는 꽃집 창업을 주제로 서술한 책이 거의 없기 때문이기도 하다. 반면에 일반적인 창업과 경영 관련 자료는 충분히 많이 나와 있어 자료에 쉽게 접근할 수 있기 때문에 이런 점을 감안하여 꽃집

창업에 주안점을 두고 서술하였다. 사업계획서 작성 및 일반적인 창업 과정은 독자들께서 다른 자료를 추가로 확보하고, 활용하여 조금 더 공부하였으면 하는 바람이다.

　이 책은 총 11장으로, 꽃집 업무와 창업자의 적성, 그리고 창업 후의 대응책까지 다루었다. 그러나 지역, 위치, 품목 등 다양한 요인이 있어 획일적으로 적용하기는 무리라고 생각한다. 그러므로 독자 여러분은 자신의 상황과 꽃집을 하고자 하는 지역과 위치, 목표로 하는 주 소비자층 등을 충분히 고려한 후 창업 여부를 결정했으면 한다. 그리고 창업하기로 마음먹었다면, 이 책을 토대로 다양한 경로에서 정보를 얻고 분석하여 불확실성을 더 많이 제거했으면 한다. 창업한 이후에는 반드시 성공하겠다는 의지를 갖고, 적극적으로 경영하여 성공적인 꽃집으로 만드시길 바란다.
　끝으로 책으로나마 독자 여러분과 만날 수 있도록 출판을 적극적으로 독려해주신 중앙경제평론사 김용주 대표님과 이 책을 통해 만나게 된 독자 여러분께 감사드린다.

저자 일동

CONTENTS

꽃집 창업을 위한 과정과 준비

01 창업 과정과 비용

02 수익성 분석과 대책

03 꽃집의 업무 습득

꽃 상품의 유통과 체인점에 대한 이해

01 위탁체계

02 꽃의 통신배달

03 체인점 체계

꽃집의 유형과 위치 및 상호

01 꽃집의 유형

꽃집 상품의 구매와 관리

꽃집의 상품 진열과 연출

1
Chapter

꽃집 창업 전
알아두기

01 꽃집의 뜻과 특성

꽃집의 뜻과 존재 의의

꽃집의 뜻

세계적으로 꽃집의 역사는 수천 년이나 된다. 고대 그리스에서는 꽃다발이나 화환을 판매하는 꽃집이 있었다. 하지만 우리나라에서 꽃집의 역사는 그다지 길지 않다. 우리나라에서 꽃집은 원래 꽃을 판매하는 곳이 아니라 장의사를 가리키는 곳으로 많이 사용되었다〈그림 1-1〉. 그러다 현재처럼 주로 절화, 분식물 등을 구입하여 소매로 파는 점포를 가리키는 말이 되었다. 꽃집은 꽃집이란 단어 외에도 화원, 화방, 플라워숍, 원예센터 등 다양하게 불리고 있지만 이 책에서는 꽃 소매점을 가리키는 일반적인 용어로 많이 사용되며, 우

그림 1-1
우리나라에서 '꽃집'이라는 명칭은 주로 장의사를 가리키는 말로 많이 사용되었으며, 섬 지역 장의사에서는 2010년대 이후까지 꽃집이라는 이름을 사용했다. 사진은 전남의 섬 지역에서 2012년에 촬영한 꽃집이라는 상호를 사용한 장의사.

리말이라는 점에서 '꽃집'으로 통일해서 사용하고자 한다.

꽃집의 범주에는 꽃을 구매하여 갖춰놓고 소매를 하는 방식 외에 전화나 인터넷으로 주문을 받고 배달하는 판매방식(온라인 방식)도 있으므로 이것까지 포함시켰다.

꽃집의 존재 의의

① 사업이나 직업이 된다.

꽃집 경영은 경영주 개인에게는 사업으로서 생계유지 수단이자 사업 목표를 실현하는 곳이다. 꽃집에 근무하는 사람들에게는 일터이자 직업으로서 꽃집 일이 존재한다.

② 화훼산업 발전에 기여한다.

일반적으로 화훼의 최종 판매처는 꽃집이다. 꽃집에서 많이 팔면 팔수록 화훼 생산과 유통이 자극되어 시장 규모가 커지고, 꽃집에서 소비가 위축되면 될수록 화훼산업 규모는 작아진다. 꽃집에서 매출 증가를 위해 새로운 상품을 개발하고 홍보한 결과로 꽃 소비가 증가되면, 생산도 증가되어 화훼산업 규모 전체가 커지게 된다.

③ 꽃과 정서를 보급한다.

꽃집은 꽃과 식물을 판매하고, 이용법을 가르쳐줌으로써 꽃과 정서를 보급하는 역할을 한다. 이것은 쾌적한 생활공간 창조에 기여한다. 꽃과 식물이 정서에 큰 도움이 된다는 많은 연구 결과를 고려한다면 꽃과 식물을 장식하고 판매하는 꽃집은 공익적인 측면에서도 큰 의의가 있다〈그림 1-2〉.

그림 1-2
꽃집은 사업체이면서도 꽃과 식물
은 물론 정서를 보급함으로써 공익
적인 기능을 한다.

④ 도시환경 개선에 기여한다.

도시에는 많은 꽃집이 있다. 꽃집 하나하나를 점으로 표시하고 그 점을 모두 이으면 도시는 꽃으로 가득할 정도이다. 이처럼 도시 곳곳에 있는 꽃집들은 도시에 살아있는 색과 아름다움을 제공해주고 있다.

자영업 측면에서 본 꽃집의 장점

비교적 적은 자본으로 창업할 수 있다

꽃집은 비교적 적은 자본으로도 창업할 수 있다. 창업 시 비용이 많이 드는 부분은 점포 임대료(전세보증금 등), 인테리어 비용, 물건 값 등이다. 그런데 꽃집의 경우 상황에 따라 일반 점포가 아닌 작은 면적의 공간, 건물과 건물 사이를 활용할 수 있어 점포 임대료 부분에서 조금 더 자유로울 수 있다. 혹은 건물이 없는 대지를 빌려 조립식 건물이나 비닐하우스를 지어 활용할 수 있는 이점이 있다〈그림 1-3〉.

그림 1-3
꽃집은 건물이 없는 대지를 빌려 조립식 건물이나 비닐하우스를 지어 활용할 수 있다.

꽃과 식물은 그 자체만으로도 화려하고 싱그럽기 때문에 인테리어 비용을 크게 들이지 않아도 된다. 상품 측면에서는 적은 비용으로도 구색을 갖출 수 있는데, 관엽식물 등은 부피가 크지만 다른 공산품에 비해 상대적으로 가격이 저렴한 편이다. 이러한 특징은 적은 자본으로도 창업할 수 있게 하는 반면, 쉽게 그만둘 수도 있게 하는 원인으로 작용하고 있다.

평생 직업으로 삼을 수 있다

오늘날에는 상품과 유통환경의 변화, 기술의 발전, 생산체계 등에 따라 평생 직업이란 없다고 할 정도로 세상이 빠르게 변하고 있다. 이와 함께 꽃집 업무에도 많은 변화가 있어 왔지만 도시화가 진행되고 현대인의 스트레스가 쌓일수록 화훼의 필요도는 점차 증가하고 있다. 꽃집에서는 이런 화훼가 주요 상품이며, 상품인 화훼는 꽃다발, 꽃바구니, 화환 등으로 제작되어 판매되기 때문에 디자인력이 필요하다. 주문에 따른 디자인이 필요하다는 것은 대량 생산과 대량 유통을 어렵게 하므로 유통환경이 변해도 생존 가능성이 높아 평생 직업으로 삼을 수 있다.

아름다운 꽃을 다루므로 기쁨을 맛볼 수 있다

꽃집 업무는 아름다움의 대명사인 꽃을 다루는 일이다. 비록 일이지만 꽃을 다루면 계절의 변화와 함께 다양한 꽃을 만날 수 있는데, 아름답게 핀 꽃들을 가까이서 항상 볼 수 있다는 것은 큰 감동과 기쁨을 맛볼 수 있게 한다. 꽃집 업무를 하는 사람 중에는 아침 일찍부터 밤늦게까지 장시간 동안 일을 해서 육체적으로는 지쳐도 꽃을 보면 다시 기운이 난다는 사람이 많다. 이처럼 주변에 항상 아름다운 꽃이 존재한다는 것은 보통의 직장에서는 찾아볼 수 없는 색다른 일이다. 언제나 꽃을 볼 수 있는 꽃집을 창업하고 경영하다 보면, 꽃을 좋아하는 사람에게는 매력적인 환경에서 일할 수 있다는 장점이 더욱 크게 다가올 것이다.

이미지가 좋고 창의력을 발휘할 수 있다

꽃집은 화려하고 평화로운 이미지를 갖는 꽃이라는 상품을 취급하며, 상대하는 고객들도 꽃을 구입하는 사람들이다. 아름다운 꽃을 매개로 거래가 이루어지고, 그 꽃을 더욱 아름답게 만드는 창조적인 일을 하기 때문에 이미지도 좋다.

꽃집 업무는 재료 상태의 꽃이나 식물을 이용해 장식하거나 여러 가지 상품으로 만드는 일 등이 있다. 같은 재료로 같은 상품을 만들어도 장식 장소, 용도, 고객 등에 따라 다르게 장식하고 만들 수 있기 때문에 사업을 하면서 자신만의 창의력을 발휘할 수 있다. 식물을 관리하고, 손질하면서 아름답게 만들고, 아름다운 상품을 소비자들에게 전달할 수 있다는 것은 꽃집 운영의 큰 보람 가운데 하나이다.

사람의 마음을 표현하는 데 도움을 주는 직업이다

꽃집을 방문하는 사람 중에는 특별한 하루의 연출을 위해 꽃을 사는 사람도 많이 있다. 어버이날에 평소 부모님께 표현하지 않았던 감사함을 전하기 위해, 연인의 생일을 축하하기 위해, 일생일대의 프러포즈를 하기 위해, 입원해 있는 친구의 병문안을 가기 위해, 추석에 조상님의 무덤에 바치기 위해 등 꽃을 사는 사람들은 대부분 소중한 마음을 표현하거나 소중한 추억을 전하기 위한 중요 수단으로 꽃을 선택한다. 때로는 "(이러한 목적으로) 꽃을 사러 왔는데, 어떤 꽃다발이 좋을까요?"라고 상담하면서 꽃의 종류와 색상, 포장 등을 선택하는 데 도움을 요청하기도 한다. 꽃집에서의 업무는 이렇게 사람들이 소중한 마음을 표현하는 데 도움을 줌으로써 보람을 얻을 수 있다. 특히 "당신의 꽃 덕분에 좋은 결과를 얻었습니다"라는 감사 인사를 받을 때는 보람이 더욱 커진다.

꽃을 통해 사람들에게 행복을 전달해주는 직업이다

꽃집을 방문하는 손님의 연령과 성별, 직업은 다양하다. 어버이날 카네이션을 사려는 아이도 있고, 결혼식에 사용할 웨딩부케를 선택하기 위해 방문하는 예비부부도 있다. 식탁에 장식할 꽃을 사려는 주부도 있고, 아내의 생일에 선물할 꽃다발을 구입하기 위해 방문하는 직장인도 있다. 무덤에 바치는 꽃다발을 사려는 노인도 있을 것이다. 꽃집을 방문하는 개인 손님을 맞이하는 것 외에 기업에 꽃을 배달하는 경우도 있다. 호텔이나 레스토랑의 로비, 방송국 스튜디오 등 평소에는 가볼 일이 별로 없는 화려한 장소에 출입할 수도 있다. 꽃집 업무는 이처럼 꽃을 통해 여러 가지 형태로 사람들의 생활을 아름답게 하고 많은 사람들에게 행복을 전달할 수 있는 직업이다.

자영업 측면에서 본 꽃집의 단점

다양한 지식과 디자인력이 필요하다

꽃집에서는 다양한 상품을 취급하고 디자인하기 때문에 식물의 종류, 재배 관리 및 유통, 플라워디자인에 이르기까지 다양한 지식과 디자인력이 필요하다.

근무 시간이 많다

꽃집 업무는 근조화환처럼 갑작스럽게 발생하는 수요가 많고, 휴일 등에 있는 행사에도 꽃이 많이 사용되므로 아침부터 저녁 늦게까지, 혹은 휴일에도 근무해야 하는 경우가 많아 다른 업종에 비해 근무 시간이 많은 편이다. 근무 시간을 정해놓고 일정 시간만 할 수도 있지만 그럴 경우 수익률이 떨어지며 단골 고객의 주문에 대응하지 못해 고객을 잃는 경우도 발생한다.

수익률이 높지 않은 편이다

꽃집의 수익률은 꽃집 유형, 경영주의 능력 등에 따라 크게 차이가 나는데 일부 꽃집에서는 연매출이 중소기업의 수준에 이르는 곳도 있다. 그러나 대체적으로 꽃집 수의 증가에 따른 과도한 경쟁으로 마진율이 저하되고 있으며, 노동투자 시간이나 투자 규모에 비해 수익률이 낮은 편이다.

육체적으로 힘들다

꽃과 꽃집의 이미지는 화려하지만 꽃집에서 일하는 사람들의 일은 육체적으로 중노동에 해당된다. 지역에 따라서는 새벽 꽃시장에서 꽃을 구입하고 나서 저녁에 점포 문을 닫을 때까지 장시간 노동을 해야 한다. 하루 내내 서서 꽃을 꽂거나 무거운 화분을 옮기고 손질하며 배달하는 일은 육체적으로 피곤하고, 식물의 관리를 위해 관수를 하거나 줄기와 잎을 잘라내는 작업을 하다 보면 손이 거칠어지기도 한다. 일에 따라서는 밤샘 작업도 해야 하고, 주말과 휴일에도 근무해야 하는 경우도 많다. 손님을 맞이할 때는 자신의 감정과는 관계없이 웃는 얼굴로 응대해야 하는 어려움도 있다. 이처럼 꽃집 업무는 육체적으로 힘든 일이다.

경제 상황 및 유행에 민감하다

꽃은 결혼식, 축하 행사 등 화려한 이벤트에 많이 사용된다. 장례식과 같은 애도 행사에도 많이 사용되는데, 이와 같은 행사들은 경제 상황에 따라 규모가 달라지고 그에 따라 꽃의 소비도 영향을 받을 수밖에 없다. 결혼식 행사를 조촐하게 하는 추세에 따라 꽃의 사용이 줄어들기도 하고, 사회적 영향에 따라 꽃의 소비량이 달라지는 등 유행에 민감하다. 때문에 꽃집의 계획적인 운영에 차질이 생기기도 한다.

02 꽃집 개업을 위한 자격과 적성

꽃집 개업을 위한 자격증

꽃집을 창업하거나 꽃집 업무를 하기 위해서는 미용사 및 조리사처럼 반드시 특정 자격을 취득해야만 하는 것은 아니다. 꽃집 업무와 관련이 있는 자격증에는 화훼장식기사, 화훼장식기능사 등이 있지만, 꽃집을 하기 위해 반드시 법적으로 갖춰야 할 것들은 아니기 때문이다. 학력이나 전공도 꽃집을 하는 데 문제가 되지 않는다. 다만 꽃집은 경영체로 경영해야 하고, 꽃을 다루고 디자인을 해야 하기 때문에 경영은 물론 꽃의 관리와 디자인에 대한 지식과 기술력이 필요하다.

한편 꽃집 업무 중에는 꽃의 구매, 배달 등 운전을 해야 할 일이 많다. 그러므로 자동차 운전면허를 취득해두는 것이 좋다.

꽃집 운영에 필요한 기술 습득

꽃집을 운영하기 위해서는 꽃과 관련된 기술을 습득해야 한다. 농업고등학교나 대학교의 원예학과, 전문대학의 원예 관련 학과에서 식물에 대한 전반적인 지식을 배울 수 있다. 학교와 학과에 따라서는 꽃집 운영과 직접적인 관련이 있는 플라워디자인과 실습을 가르치는 곳들도 있다.

최근에는 꽃을 전문적으로 배우기 위해 미국이나 유럽 쪽으로 유학을 가는 사람들도 증가하고 있다. 꽃을 전문적으로 배우겠다는 의지가 있다고 생각되지만, 유학이 반드시 꽃집의 성공적 경영에 도움이 된다고는 할 수 없다. 꽃집의 위치나 고객에 따라서는 유학 경력이 오히려 고객과의 소통에 장애가 될 수도 있기 때문이다.

한편 꽃집 업무는 이론만 가지고 되는 것이 아니다. 고객이나 현장 상황에 따라 꽃을 꽂고, 포장해야 한다. 그러므로 꽃집을 창업하기 위해서는 현장에서 활용할 수 있는 기초 지식이나 기술은 꼭 있어야 한다.

꽃집 일에 대한 적성과 자질

꽃을 사랑하는 마음이 있어야 한다

꽃집에서 판매하는 품목은 아름다운 꽃이지만 일 자체는 결코 아름답지 않다. 대부분 꽃집에서는 아침 일찍부터 밤늦게까지 일을 한다. 꽃집에서 판매하는 상품은 생물이라 관리가 필수적이기 때문에 쉬고 싶을 때 마음대로 쉴 수 있는 것이 아니다. 또한 어버이날, 밸런타인데이, 크리스마스 등 남들이 이벤트를 즐길 때일수록 바쁘게 일해야 한다. 경제 상황이나 유행에 민감하기 때문에 수입이 불안정할 때가 많다. 이러한 문제점을 극복하면서 꽃집을 운영하기 위해서는 꽃을 진심으로 좋아하는 마음이 있어야 한다.

취급 상품은 생물이므로 그에 따른 대응이 필요하다

꽃집에서 취급하는 꽃이나 식물은 생명체이기 때문에 동물처럼 지속적인 관리가 필요하다〈그림 1-4〉. 해마다 기온과 강우량 등에 따라 꽃의 개화 시기나 상태가 달라지고, 가격에도 변동이 생긴다. 그에 따라 꽃의 구입가나 판매가도 다르게 적용해야 한다. 특히 생화의 경우, 상품 가치가 높은 기간이 짧기 때문에 판매 방법이나 가격에 대해 임기응변으로 대응하는 능력이 필요하다.

상품으로 판매하고 있는 꽃과 화분은 상품 가치를 위해 관리가 필요하며, 그를 위해 관련 지식이 필요하다. 생물인 꽃은 쉬는 날에도 출근해서 관수, 줄기 절단 등의 작업을 해야 하는 경우도 있기 때문에 마음 놓고 휴식을 취할 수 없는 문제점도 있다.

접객 및 의사소통 능력이 필요하다

꽃집에서는 고객의 요구 사항에 따라 상품을 만들어야 할 때가 있다. 고객에게 꽃을 장식하는 목적이나 보내는 사람, 상황을 정중하게 듣고, 예산과 고객의 이미지에 맞는 멋진 상품을 만들어야 한다. 이때 고객이 원하는 상품을 만들기 위해서는 커뮤니케이션 능력이 중요하다. 꽃집을 방문한 고객에게 상품을 판매하고 확실한 단골로 만들기 위해서는 영업 능력도 필요하다.

인터넷 쇼핑몰에 대한 지식이 필요하다

최근에는 인터넷을 통해 꽃을 살 수 있게 되었다. 실제 점포를 가지고 있으면서 꽃 판매 전문 인터넷 쇼핑몰을 함께 운영하는 곳도 있고, 인터넷 전문 쇼핑몰만 운영하는 곳도 있다. 어떤 형태로든 인터넷 쇼핑몰을 운영하거나 인터넷 주문에 대응하기 위해서는 그에 대한 지식이 필요하다.

그림 1-4
꽃집에서 취급하는 상품은 생명체이기 때문에 지속적인 관리가 필요하다.

03 꽃집의 업무와 전망

꽃집의 업무

의의

꽃집 업무를 꽃을 구입해서 상품을 제작, 판매하는 것까지로 인식하는 사람들이 많다. 꽃집 창업을 준비하고 있는 사람들도 그 정도 생각에 머물러 있는 경우가 많은데, 꽃집 업무는 그보다 훨씬 더 광범위하고 업무 내용에 따라 비중 차이가 크다. 따라서 꽃집을 하기 위해서는 업무별로 그 내용을 파악한 다음 각각 대응책을 마련해야 한다. 꽃집의 규모가 크고 자본이 많을 경우에는 각 분야별 전문가를 고용하여 각 업무를 전담시킬 수 있다. 하지만 대부분의 소규모 꽃집에서는 경영주가 모든 업무를 수행해야 하는 경우가 많으므로 수업이나 연수, 독학 등을 통해서라도 기본적인 업무를 익혀두어야만 한다. 다음은 창업 전에 업무 파악을 해두면 좋은 점들이다.

① 창업을 위해 플라워디자인이나 상품의 관리지식 등을 배울 때 업무에 꼭 필요한 것 위주로 배울 수 있어 시간과 경비를 절약할 수 있다.
② 창업 전에 꽃집 경영에 필요한 업무를 미리 익혀두거나 대응책을 마련해둠으로써 창업 후에 시행착오를 줄일 수 있다.

③ 창업 계획을 세울 때 자신의 상황과 목표 간에 접점을 쉽게 찾을 수 있다.

취급 상품의 작업 과정별 주요 업무

① 절화

절화는 재료 상태의 절화를 꽃다발, 꽃바구니, 화환 등 상품으로 제작 판매하는 비율이 극히 높으며, 절화 상태로 판매하는 비율은 극히 낮다. 보통 〈그림 1-5〉와 같은 과정을 거쳐 판매 및 납품이 되는데, 이 과정에서 이름과 종류별 특성 파악, 구매, 손질, 신선도 유지 외에 절화를 이용하여 꽃바구니, 꽃다발, 화환 등으로 제작하고 포장하는 디자인력이 필요하다. 이 중 플라워디자인은 절화상품을 취급할 때 반드시 필요하다고 할 만큼 중요하고, 하루아침에 쉽게 익힐 수 있는 것이 아니므로 창업 전에 미리 익혀두는 것이 좋다.

과정	내용
구매	꽃 이름, 원산지, 꽃 구별법, 가격 변화, 구색과 적정량 구매, 시장 및 거래처별 특성 파악
손질, 물올리기	절화의 종류별 손질요령, 물올리기 원리, 종류별 생리 특성
신선도 유지	종류별 생리 특성, 신선도 유지 이론, 저장생리, 꽃 냉장고의 활용법
접객, 수발주	꽃문화(꽃말, 꽃 이용법), 유통구조, 가격 설정, 상품 제안, 컴퓨터 활용, 인터넷, 견적서 작성, 주문접수증과 인수증 작성, 시방서 작성
상품 제작, 포장, 리본	꽃다발, 꽃바구니, 경조화환, 웨딩부케 등 각 상품의 제작과 연출, 포장, 글씨, 연출 능력
배달	상품의 안전대책, 배달체계 이해, 배달의 상품화 방안
납품	홍보, 배치, 배달 통보, 인터넷 활용 능력

그림 1-5 절화의 구매에서 납품까지의 작업 과정과 주요 업무.

② 관엽식물 및 동서양란

관엽식물 및 동서양란은 분식물 구입 후 간단하게 포장만 하거나 분갈이한 후 판매하기 때문에 이름, 관리와 상담을 위한 종류별 특성과 관리지식에 대한 업무 비중이 크다. 구매에서 납품까지의 작업 과정별 주요 업무는 〈그림 1-6〉과 같다.

과정	내용
구매	식물 이름, 원산지, 꽃 구별법, 가격 변화, 구색과 적정량 구매, 시장 및 거래처별 특성 파악
분갈이, 진열 ·	식물과 분의 조합, 식물의 생리 특성에 맞는 진열(특히 광적응성)
관리	종류별 생리 특성에 맞는 광, 온도, 수분, 영양 관리, 병충해 관리
접객, 수발주	용도에 맞는 종류 제안, 고객의 기호도 파악, 이용법 상담, 유통구조, 가격 설정, 상품 제안, 컴퓨터 활용, 인터넷, 견적서 작성, 시방서 작성
분갈이, 포장	용도에 맞는 연출, 포장, 글씨, 연출 능력
리본, 글씨	리본 접는 법, 리본 글씨
배달	상품의 안전대책, 배달체계 이해
납품	홍보, 배치, 배달 통보, 인터넷 활용 능력
재고 관리	재생, 유인, 전정 등 재배 관리

그림 1-6 관엽식물 및 동서양란의 구매에서 납품까지의 작업 과정과 주요 업무.

경영 관련 업무

꽃집의 업무는 취급하는 상품에 따라서 작업 과정에 다소 차이가 있다. 하지만 경영적인 측면에서는 상품에 관계없이 최대 이익의 지속적인 창출이라는 목표가 있다. 경영적 관점에서 공통적으로 적용되는 주요 업무는 아래와 같다.

① 사무 관리

업무(주문접수증 작성, 인수증 작성), 견적서, 시방서, 매입, 매출기록, 업무일지 작성, 일정표 작성과 업무 점검.

② 매출 관리

매일의 매출 내역 작성 및 분석, 매출증감 대책 및 분석, 상품별 및 고객별 매출분석과 대응책 마련.

③ 유통구조 파악

상품별 유통체계, 위탁체계, 통신배달체계, 체인체계, 꽃집 유형별 특성 파악, 상품의 소비구조 파악.

④ 고객 개발과 관리

꽃집의 홍보 및 판촉, 접객서비스, 고객카드 작성과 활용, 고객서비스와 관리, 고객 관리 프로그램의 활용과 관리.

판매방식별 업무

① 꽃집

꽃집에서는 상품의 구매에서 접객, 상품 제작, 배달 또는 수발주 업무까지 직접 해야 하기 때문에 이와 관련된 업무 습득이 필요하다. 최근에는 꽃집에서도 인터넷을 통해 주문 접수를 받거나 발주하는 양이 많아지고 있다. 고객들이 홈페이지를 통해 주문과 결제를 할 수 있도록 하고 있으므로 이에 대응해야 한다. 리본 글씨나 고객 관리 또한 대부분 컴퓨터로 처리하므로 이것까지도 익혀두어야 한다.

② 온라인업체

온라인업체는 오프라인업체와는 다소 차이가 있다. 상품을 구비해놓고 판매하는 것이 아니라 주문을 받은 후 꽃집으로 발주하기 때문에 상품 제작에 대한 직접적인 기술은 필요하지 않다. 그러나 주문을 받거나 상담을 위해서는 기초적인 지식에 대해 알아야만 한다. 더불어 인터넷에서 홍보하고, 주문을 받아 다시 발주하기 때문에 이와 관련된 업무지식을 습득해두어야 한다.

꽃집의 변화

꽃집은 ① 소비자 연령이 다양해지고 있으며, 구매자의 욕구 역시 다양화되고 있는 점, ② 꽃집 간 경쟁이 치열해진 점, ③ 원예학이나 플라워디자인을 체계적으로 배운 사람들이 많이 진출하고 있다는 점, ④ 꽃집 간에 취급상품이나 판매방식, 서비스 등에 차이가 별로 없었던 과거와는 달리 인터넷의 발달과 유통환경의 변화 등 다양한 요인에 의해 꽃집의 유형, 판매방식, 판매품목 측면에서 크게 변하고 있다.

꽃집의 유형

최근에는 전국적인 영업망을 갖춘 프랜차이즈 형태의 꽃집이 등장하고, 기술 위주의 전문점, 상품과 가격 위주의 규모화된 꽃집 등 꽃집의 유형이 다양해지고 있다. 세분화하여 예를 들면, 주차장을 넓게 만들어놓은 시 외곽지역의 큰 규모의 꽃집〈그림 1-7〉, 식당 등 다른 업종을 함께하는 꽃집〈그림 1-8, 그림 1-9, 그림 1-10〉, 꽃 상품 체험 위주로 운영하는 꽃집, 호텔에 부속된 꽃집 등 다양한 형태의 꽃집을 찾아볼 수 있다.

그림 1-7
민가와 떨어진 도시 외곽지역의 텃밭농원 근처에 있는 꽃집.

그림 1-9
꽃 판매와 레스토랑을 함께하고 있는 타이완의 꽃집.

그림 1-8
꽃 판매와 식당을 함께하고 있는 타이완의 업체 내부.

그림 1-10
시외 지역에서 꽃과 민속품을 함께 판매하고 있는 꽃집.

판매방식

전통적인 대면 판매(방문 구매)의 비율은 낮아지고 전화 주문, 인터넷 주문에 의한 판매가 증가하고 있으며, 결제 방식도 카드뿐만 아니라 전화 요금에 합산되는 방법 등 다양해지고 있다.

판매품목

꽃집 상품의 용도는 업무용 위주에서 벗어나 일상용이 증가하고 있다. 내용 측면에서 보면 전통적인 서양식 스타일, 유러피언 스타일 등 다양한 스타일과 기법으로 제작한 상품이 판매되고 있다. 또 과거의 양 위주가 아닌 디자이너의 수준에 따라 상품 가격이 결정되는 시대를 맞이하고 있다. 최근에는 꽃집 상품의 제작 과정을 체험할 수 있게 해둔 곳들도 증가하고 있다(그

그림 1-11
꽃바구니 만들기 체험 안내를 하고 있는 꽃집.

그림 1-12
꽃바구니 만들기 체험을 상품화하여 실시하고 있는 꽃집.

그림 1-13
선인장 심기 체험 프로그램을 상품화하여 실시하고 있는 선인장 전문점.

림 1-11〉. 체험 상품은 꽃바구니, 선인장 식재, 분경 만들기 등 다양하다〈그림
1-12, 그림 1-13〉.

꽃집의 현황과 전망

꽃집의 규모

우리나라에 꽃집은 약 1만 7개 정도가 있다(2017년 기준). 10년 전만 해도
도시 중심가에는 10~30m² 정도의 절화상품 매장이 많았고, 번화가를 약간
벗어난 지역에서는 면적이 90m² 이상인 꽃집들도 많았었다. 최근에는 도시
번화가에서 꽃집을 찾아보기 어렵게 되어버린 대신 시 외곽지역에 규모가 큰
꽃집들이 증가하고 있다.

시장 규모

국내 꽃시장 규모는 1990년대 초반 이후 경기가 점차 하락세에 접어들었
음에도 불구하고 매년 20~25% 정도 성장을 거듭했다. 2000년대에는 소비액
기준 1조 원 정도에 이르렀지만 이웃 일본이나 선진 각국과 비교할 때 상당
히 미미한 수준으로 계속해서 성장할 것으로 예상되었다. 하지만 2010년대
이후 꽃 소비는 크게 증가하지 않았다. 특히 우리나라에서는 가정용보다는
증정용의 비율이 압도적으로 높은 상황인데 2016년 9월 28일부터 '부정청탁
및 금품등 수수의 금지에 관한 법률', 일명 '김영란법'이 시행됨에 따라 꽃 소
비 위축이 우려되는 상황이다.

경영 형태

꽃집은 과거 여성들의 취미생활 겸 부업 정도의 경영 형태를 취한 곳이 많았는데, 최근에는 전업 형태로 경영하는 곳이 많다. 일부 꽃집에서는 대규모로 투자하여 규모화 및 전문화하고 있다. 전통적인 오프라인 판매뿐만 아니라 통신판매와 인터넷을 이용한 온라인 판매의 비중이 높아지고 있다.

꽃집의 경영 형태도 대부분의 꽃집들이 최종적인 꽃 상품만을 판매했던 과거에 비해 최근에는 체험 상품, 꽃과 결부된 상품, 모종은 물론 자재에서 최종적인 상품에 이르기까지 종합적인 상품을 판매하는 곳, 커피 등 다른 상품과 함께 판매하는 꽃집에 이르기까지 다양해지고 있다〈그림 1-14, 그림 1-15〉.

그림 1-14
화훼 도매를 하는 곳으로 방문 및 구매객을 위한 서비스와 수익구조의 다양화를 위해 화훼 판매장 옆에 설치해놓은 카페.

그림 1-15
화훼 및 관련 자재를 판매하고 있는 카페.

판매품목

① 오프라인 꽃집

우리나라 꽃집에서 판매하는 품목은 영업 형태에 따라서 화분 위주로 판매하는 곳, 꽃바구니 등 생화 위주의 꽃집, 난 종류만 따로 취급하는 꽃집 등 여러 가지 형태가 있으나 일반적으로 종합적인 품목을 판매하는 곳이 80% 이상 된다. 품목별 매출액은 꽃집의 위치에 따라 차이가 있지만, 대체적으로 업무용 매출이 많은 편이다. 이와 같은 특성은 외국에서처럼 장미 전문점이나 희귀한 꽃만 판매하는 꽃집, 가정용 상품만 판매하는 꽃집 등 취미나 애호가들만을 대상으로 하거나 가정용 수요만을 대상으로 하는 꽃집의 등장을 어렵게 하는 요인으로 작용하고 있다.

② 온라인 꽃집

꽃 전문 온라인업체는 과거에는 인터넷 사용이 능숙한 젊은 층들이 주요 수요자였기 때문에 업무용보다는 꽃바구니, 꽃다발 등 선물용으로 많이 이용되었다. 최근에는 인터넷 사용이 대중화되었고, 꽃바구니, 꽃다발 등의 수요가 감소함에 따라 마진율이 높은 업무용 상품의 비중이 높은 편이다.

판매방식

① 오프라인 꽃집

꽃 판매의 90% 이상은 전통적인 꽃집인 오프라인 매장에서 이루어지고 있다. 오프라인 꽃집에서 꽃 판매는 시내 번화가에서 절화상품 위주로 판매하는 생화점을 제외하고는 전화 주문에 의한 판매액이 70~80%에 이르고 있다. 오프라인 꽃집에서도 홈페이지 등을 개설하여 꽃집의 홍보는 물론 주문과 결제까지 할 수 있도록 하고 있으나 다수의 꽃집에서는 홈페이지에 대한 관리

인력 부족 등으로 제 기능을 발휘하지 못하는 곳이 많은 편이다.

반면 오프라인 매장과 더불어 온라인 판매를 활성화하고 있는 꽃집에서는 온라인 매출액이 오프라인 매출을 능가할 정도로 많은 곳들도 있다.

② 온라인 꽃집

인터넷에 사이트를 개설하여 상품 사진을 보여주고 인터넷으로 수발주를 하는 곳들이다. 온라인 꽃집이 도입되던 초창기에는 주로 인터넷 관련 지식을 가진 사람들이 운영했었는데, 최근에는 자본력이 있는 회사나 꽃배달협회에서 주도하고 있다. 판매방식은 인터넷에서 고객으로부터 주문을 받은 다음, 일정액의 마진을 남기고 오프라인 꽃집에 발주하는 체계로 운영하고 있다. 그 때문에 가격은 오프라인 꽃집에서 판매하는 것보다 다소 비싸게 판매되고 있다.

온라인 꽃집은 전국구로 고객을 늘릴 수 있는 장점이 있다. 고객 입장에서는 미리 주문해놓으면 원하는 날에 꽃을 선물할 수 있는 것이 큰 장점이다. 카드로 쉽게 결제할 수 있는 편리함과 일정 금액의 상품을 사면 무료로 배송해주는 등 여러 가지 혜택이 있는 것도 장점이다.

예전에 온라인 꽃집은 인터넷에 많은 지식을 갖고 있으나 오프라인 꽃집을 개업할 수 있을 정도의 자본적 여력이 없는 사람들이 많이 운영했다. 그러나 최근에는 온라인 꽃집도 광고가 활성화되고, 비용도 많이 소요되는 상황이다. 온라인에서도 광고 등에 투자하지 않으면 노출 빈도가 낮게 되고, 그에 따라 매출도 낮은 경향을 나타내고 있다.

수익률

저성장 시대의 도래, 소매업체의 증가로 대부분의 업종이 어려움을 겪고 있는 것과 마찬가지로 꽃집 또한 예외는 아니다. 예전에 비해 가계의 지출이 많아짐에 따라 꽃의 소비가 감소하고, 고객 1인당 판매 단가나 회전율이 낮기 때문에 꽃집의 1인당 노동 생산성은 대체적으로 낮은 편이다. 노동 생산성 외에 매장 면적당 생산성도 높지 않은 편이다.

다른 업종과의 업무 제휴

꽃은 꽃집에서만 판매되는 것이 아니라 온라인업체, 카드사, 우체국, 농협, 홈쇼핑업체, 은행 등 다양한 업체나 방식을 통해 판매되고 있다. 이것은 꽃 이외의 업종과 꽃집 간 업무 제휴로 꽃집 외의 기관에서 주문을 맡은 후, 일정액의 마진을 남기고 상품 제작과 배달은 꽃집에 위탁하는 체계이다. 꽃집 외의 기관에서는 꽃집에서 쉽게 제공하기 어려운 내용 홍보나 결제 방법 등 다양한 메리트를 활용하여 꽃 주문을 맡고 있다. 또 백화점, 대형마트, 슈퍼마켓 등에서도 꽃을 판매하고 있는데 이들 업체와의 제휴도 이루어지고 있다〈그림 1-16〉.

그림 1-16
슈퍼마켓이나 대형마트 등에서 꽃을 판매하는 경우가 증가하고 있다.

| 무역을 알면 돈이 보인다

무역의 신
이기찬 지음 | 13,800원

국내 최초 무역소설

이 책은 무역현장의 생생한 모습을 전달하는 데 주안점을 두고 쓴 것이다. 따라서 무역에 문외한인 주인공을 내세워 실무현장에서 깨지고 부딪치면서 '무역의 신'으로 변모하기까지의 과정을 소설의 형식으로 흥미진진하게 담아냈다.

eBook 구매 가능

무역왕 김창호
최고의 무역전문가와 5일만에 마스터하는 무역실무
이기찬 지음 | 13,000원

무역분야 베스트

저자가 대학생들을 상대로 5회에 걸쳐 하루 3시간씩 도합 15시간 동안 무역에 대해 강의한 내용을 대화체로 풀어썼다.

eBook 구매 가능

무역현장 전문가가 쉽게 풀어쓴 **이기찬 무역실무** [최신 개정판]
이기찬 지음 | 24,000원

오랫동안 무역현장에서 일한 실전경험과 학교와 기업체 등에서 강의한 경험을 바탕으로 무역실무의 전체적인 내용을 알기 쉽게 풀어씀으로써 보다 효율적으로 무역실무를 익힐 수 있도록 한 정통 무역실무서이다.

eBook 구매 가능

그림으로 쉽게 배우는 무역실무 기본 & 상식
기무라 마사하루 지음
권영구 편역 | 15,000원

〈인코텀즈 2010〉의 핵심사항을 반영한 실전 무역서!

쉽게 배우는 무역영어 기본 실무
권영구 지음 | 18,000원

무역 초보자 기본서로서 바로 사용 가능한 영문 서류 샘플 수록!

7일만에 쉽게 끝내는 무역실무
7일만에 쉽게 끝내는 무역영어
이기찬 지음 | 각 15,000원

누구나 자신있게 무역업무를 처리하고 무역영어를 구사할 수 있도록 무역현장에서 꼭 필요한 실무지식을 엄선해서 소개한 무역입문서이다.

| 질병 치료 & 명의 베스트셀러

우리가 몰랐던
웃음 치료의 놀라운 기적

후나세 슌스케 지음
이요섭 · 김재승화 옮김 | 14,500원

알면 알수록 놀라운 웃음 면역
학의 비밀 대공개!

우리가 몰랐던
항암제의 숨겨진 진실

후나세 슌스케 지음
김하경 옮김 | 14,500원

암보다 더 무서운 항암제의 실
체를 파헤친 역작!

음식 궁금증 무엇이든 물어보세요

정지천 지음 | 15,000원

MBC 〈건강한 아침〉 출연

질병 궁금증 무엇이든 물어보세요

정지천 지음 | 16,000원

동국대학교 의료원 일산한방병원장 정지천 교수가 알려주는 건강
비법! **eBook 구매 가능**

병에 걸리지 않는
생활습관병 건강백서

남재현 지음 | 15,000원

SBS 〈자기야 백년손님〉에 출
연한 남재현 박사의 건강서!

eBook 구매 가능

EBS 명의 김찬 교수의
통증 이렇게 고친다

김찬 지음 | 올컬러 | 12,000원

〈EBS 명의〉 '통증 명의'와 동
아일보 '베스트 닥터' 선정!

eBook 구매 가능

심장병 제대로 알면
건강이 보인다

이종구 지음 | 올컬러 | 14,000원

심장의학 최고 권위자 이종구 박
사가 알려주는 심장병 치료법!

eBook 구매 가능

명의가 가르쳐주는
가정 동의보감

한승섭 지음 | 15,000원

현대인이 앓고 있는 각종 증
상과 치료법을 그림과 함께
소개!

스스로 고치는
당뇨병 건강습관

오비츠 료이치 외 지음 | 한나 감수
박선무 · 고선윤 옮김 | 12,900원

당뇨 환자 500만 명 시대, 누구
나 알아야 할 당뇨병 기초상식!

신비한 물 치료 건강법

F. 뱃맨겔리지 지음 | 이수령 옮김
14,000원

환자 3,000명을 물로 완쾌시킨
세계적인 명의!

| 음식 & 약초 & 지압 & 응급처치법

약, 먹으면 안 된다
후나세 슌스케 지음 | 강봉수 옮김
15,000원

우리가 몰랐던 약에 관한 충
격적인 진실!

골든타임 1초의 기적
[최신 개정판]
박승균 지음 | 13,000원

현직 소방관이 알려주는
119 응급처치!

eBook 구매 가능

누구나 쉽게 할 수 있는
약초 약재 300 동의보감
엄용태 글 · 사진 | 정구영 감수
올컬러 | 39,000원

약초 사진으로 보는 300가지
약재 학습 도감!

만병을 낫게 하는
산야초 효소 민간요법
정구영 글 · 사진
올컬러 | 43,000원

가정에서 손쉽게 효소 만드는
법, 효과 질환, 효능 소개!

한국의 산야초 민간요법
정구영 글 · 사진
올컬러 | 23,000원

뇌졸중, 치매, 암, 당뇨, 고혈
압을 치료하는 약초 학습 도감!

만병을 낫게 하는
기적의 꾸지뽕 건강법
정구영 글 · 사진
올컬러 | 16,000원

국내 최초로 출간된 기적의
열매 꾸지뽕의 모든 것!

당신의 몸을 살리는
야채의 힘
하시모토 키요코 지음
백성진 편역 · 요리 · 감수
올컬러 | 14,500원

각종 질병에 효과 있는 야채
요리 & 레시피 35가지!

혈액을 깨끗이 해주는
식품 도감
구라사와 다다히로 외 지음
이준 · 타키자와 야요이 옮김
18,000원

성인병의 공포로부터 벗어나
게 해주는 혈액 · 혈관 건강법!

질병을 치료하는
지압 동의보감 1, 2

20년 스테디셀러

세리자와 가츠스케 지음 | 김창환 · 김용석 편역 | 각 15,000원

그림을 보면서 누구나 쉽고 간단하게 따라할 수 있는 지압 건강서
로 1권 〈질병 · 증상편〉, 2권 〈신체부위편〉으로 구성되었다.

2
Chapter

꽃집 창업을 위한
과정과 준비

01 창업 과정과 비용

창업 과정과 절차

꽃집의 창업 과정

창업은 전혀 새로운 일을 시작하거나 타인의 사업체를 인수하여 새로이 시작하는 것으로, 꽃집도 창업 과정만 보면 다른 업종과 크게 다르지 않다. 창업의 첫 번째 과정은 창업 결심에서 시작된다. 꽃집을 창업하기로 마음먹었으면 꽃집 경영주로서 적성에 맞는가, 어떤 유형의 꽃집을 할 것인가부터 꽃집 유형 탐색, 업종 타당성 검토, 창업 방법 선택, 시장조사, 상권 입지 분석, 사업성 분석, 창업계획서 작성, 개업 준비, 개업, 사후 관리 순으로 진행한다 〈그림 2-1〉.

꽃집의 창업 절차

꽃집의 창업 절차는 개인사업자로 할 것인가, 법인사업자(주식회사)로 할 것인가에 따라 조금 차이가 있다. 개인사업자로 창업하고자 할 때는 별도의 회사 설립 절차 없이 사업장 관할 세무서장에게 사업자 등록을 신청하면 된다. 사업자 등록 신청 시 필요한 서류에는 사업자등록신청서(세무서에 비치), 사업장을 임차한 경우에는 임대차계약서 사본, 상가 건물의 일부분을 임차하

과정	내용
창업 결심	가족 구성원과의 대화와 합심
적성 검사	꽃집이 본인의 성격이나 능력과 맞는지 객관적으로 평가
꽃집 유형 탐색	여러 가지 유형의 꽃집 중 자신과 맞는 유형의 꽃집을 선택
업종 타당성 검토	현재 트렌드, 법률적, 도덕적 가능성 검토
창업 방법 선택	자신에게 맞는 창업 방법 선택
시장조사	현장 실태 파악을 통한 정보 수집 및 비교 분석
상권 입지 분석	꽃집과 입지와의 적합성 여부 확인
사업성 분석	투자규모 대비 월평균 수익성 분석
창업계획서 작성	현실성 있는 종합 계획 사항을 문서로 작성
개업 준비	실내외 인테리어, 사업자 등록, 인허가 사항
개업	개업 후 3개월 내에 이익 목표 달성
사후 관리	마케팅, 재무, 인력, 법률문제 등

그림 2-1 꽃집의 일반적인 창업 절차.

는 경우에는 해당 부분의 도면(상가건물임대차보호법의 적용을 받는 경우에 한함)이 필요하다. 법인사업자(주식회사)로 창업하는 경우에는 정관의 작성 및 공증, 설립등기, 법인설립신고가 필요하다〈그림 2-2〉.

절차	내용
정관의 작성 및 공증	정관은 형식적으로는 회사의 조직과 활동에 관한 기본 규칙을 기재한 서면을 가리키지만 실질적으로 회사의 조직과 활동에 관한 기본 규칙이며, 후일 주주 상호 간 또는 회사 내부 관계자 상호 간의 분쟁과 부정행위를 방지하기 위하여 공증인의 인증이 필요하다(단, 발기 설립의 경우는 제외).
설립등기	등기신청서에 정관과 주식발생사항동의서, 주식인수증 등을 첨부하여 전 이사가 공동으로 본점 소재지 관할 등기소에 신청(구비서류로는 신청서, 정관, 주식인수증, 주식발행사항동의서, 발기인의사록, 이사회의사록, 잔고증명서(자본금), 임원취임승낙서, 주민등록등본, 등록세 영수필확인서, 인감신고서, 법인인감카드발급신청서 등)
법인설립신고	법인 신고는 설립등기를 한 날부터 사업의 실질적 관리 장소를 두게 되는 경우에는 그 실질적 관리 장소를 두게 된 날부터 2월 이내에 본점 소재지 관할 세무서에 신청(구비서류로는 신청서, 법인등기부등본, 정관 사본, 임대차계약서 사본, 주주명세서 등)

그림 2-2 법인사업자(주식회사)의 창업 절차.

사업자 등록 시 유의 사항

① 사업장 단위로 사업자 등록

사업장이란 사용인이 상시 주재하여 거래의 전부 또는 일부를 행하는 장소를 말한다. 사업장이 여러 개 있을 경우에는 사업장마다 사업자 등록을 해야 한다. 다만, 보관 시설 및 관리 시설만 갖춘 하치장은 설치한 날로부터 10일 이내에 하치장 소관 세무서장에게 하치장 설치 신고서를 제출한다.

② 사업을 겸할 경우

부가가치세가 과세되는 사업을 하는 경우(면제되는 업종도 함께하는 경우 포함) 부가가치세법에 의한 사업자 등록을 해야 하고, 면제되는 사업만 하는 경우에는 소득세법 또는 법인세법에 의한 사업자 등록을 하면 된다.

③ 공동 사업자의 경우

2인 이상이 공동으로 사업을 하는 경우, 사업자 등록 신청은 공동 사업자 중 1인을 대표자로 하고, 공동 사업자 전원의 주민등록등본을 붙여 대표자 명의로 신청하며, 동업 계약서 등의 서류를 함께 제출한다.

④ 사업자 등록 미이행 시 가산세 부과 내용

사업자 등록을 하지 않고 꽃집을 하게 되면 사업 개시일로부터 등록한 날이 속하는 예정 신고 기간(예정 신고 기간이 지난 경우에는 그 과세 기간)까지의 공급가액에 대하여 개인은 100분의 1, 법인은 100분의 2에 해당하는 금액을 가산세로 물어야 한다.

창업 비용의 의의와 내용

의의

창업이나 점포 경영을 할 때 반드시 따라다니는 것이 자금이다. 꽃집 창업에도 자금은 필수적인데 어느 정도 비용이 드는가를 알아야 자금 조달이나 비용 절감 등 대응책을 마련할 때 참고할 수 있다. 동시에 창업에 드는 비용 산출은 수익성 검토와 창업 유무를 결정하는 측면에서 필요하므로 반드시 짚고 넘어가야 한다.

한편 창업 비용은 점포 임차료 및 보증금, 권리금, 내·외장 공사비, 물건, 비품비, 각종 기기류 설비비, 판매 촉진비, 운영자금 등이 있다. 이외에 개업 후에도 곧바로 많은 매출이 오르지 않거나 판매가 되어도 미수금 비율이 높게 되면 생활비, 홍보비, 직원의 급료 등은 계속해서 지출되므로 이것까지를 고려해두어야 한다.

점포의 임차료 및 시설비

① 임차료

꽃집을 창업하기 위해서는 먼저 점포를 선정하여 구입하거나 빌려야 한다. 점포의 임차료는 지역이나 총 투자 비용에 따라 다르지만, 꽃집이라는 업종의 생산성을 고려할 때 보통 이상으로 높지 않은 선에서 계획을 잡는 것이 적당하다. 창업자금이 적을 때는 월세로 하는 것이 좋다.

② 시설비

지방의 도시나 소도시 읍 단위에서는 점포를 빌리는 것보다 건물터에 조립식 가건물을 설치하는 것을 생각해볼 수 있다. 이 경우는 땅만 빌리면 되므로 임차료는 적게 들고 시설비도 기존의 매장을 임차하는 비용보다 적게 드는 편이다. 건물 내의 점포에 비해 연출에는 한계가 있지만 저렴한 임대료를 주고도 넓은 면적을 사용할 수 있는 이점이 있다.

③ 인테리어비 및 사무기기

창업 초기 인테리어 비용은 최소화하는 것이 좋다. 판매 상품인 꽃과 식물은 그 자체만으로도 훌륭한 인테리어 소품이 된다〈그림 2-3〉. 창업 후 1년 정도 경영해보면 개선해야 할 곳이 많이 보이므로 그때 꽃집의 특성에 맞게 연출하는 것이 좋다. 일반적으로 간판, 진열대, 작업대, 리본걸이, 조명, 벽면 장식 등이 필요하다.

기기류 설치와 차량비

꽃집에서 필요한 대표적인 기기에는 꽃 냉장고, 냉난방기 등이 있다〈그림 2-4〉. 이중 꽃 냉장고는 가능하다면 갖춰놓을 것을 추천하는데 가격은 크기나 제품에 따라 다르다.

차량은 관엽식물, 화환 등 부피가 큰 상품의 구입과 납품을 위해 1톤 이상의 화물차가 필요하고, 구입한 후에는 배달상품의 손상을 막기 위한 천막 설치작업이 필요하다. 하지만 최근에는 배달체계가 잘 이루어져 있으므로 차량을 직접 운영하지 않고 용역업체에 위탁하는 것도 가능하다.

그림 2-3
꽃과 식물은 그 자체가 훌륭한 인테리어 소품이 된다.

그림 2-4
우리나라는 비교적 사계절이 뚜렷하기 때문에 꽃집에서도 냉난방기가 필요하다.

사무기기 및 비즈니스 양식

전화기, 팩스, 컴퓨터, 리본 글씨 출력용 프로그램과 프린터, 고객 관리 프로그램, 사무용과 접객용 테이블이 필요하다. 이외에 명함, 개업안내장, 주문 접수증, 인수증, 견적서, 봉투 등도 필요하다.

홍보물

홍보물에는 다양한 것이 있으나 개업과 동시에 꼭 필요한 것은 스티커와 상품 카탈로그이다.

초도 상품비

초도 상품비는 어떤 품목을 취급할 것인가에 따라 달라진다. 꽃집의 규모에 따른 차이는 있지만 도심의 일반적인 꽃집에서 절화는 50~100만 원, 난은 50~200만 원, 관엽식물은 100~500만 원, 기타 소품 및 자재는 100~200만 원 정도 소요된다.

초기 운전 자금

꽃집을 개업하자마자 곧바로 많은 수익이 발생하는 사업장은 많지 않다. 개업하고 운영하게 되면 창업 전에는 생각하지도 못했던 비용이 든다. 꽃은 신선도가 중요하기 때문에 새로운 상품을 구입해야 하고, 오래된 꽃들은 가격을 낮추거나 폐기 처분을 해야 하는데, 개업 초창기에는 고객이 적고 경험이 적어 손해를 보는 경우도 자주 발생한다.

그 외에도 차량 운행을 위한 연료비, 미수금에 따른 자금 유동성, 생활비 등 여러 가지 요인이 발생한다. 게다가 경영이 정상적인 궤도에 오르기까지 어느 정도 기간이 걸릴 수 있으므로 그때까지 버틸 수 있는 자금을 준비해두는 것이 좋다.

기타

꽃배달협회 및 체인점 등에 가입하게 되면 가맹비와 연회비가 필요하다. 협회에 따라서는 월회비를 받고 있는데 대부분 10만 원을 넘지 않는다. 이들 단체에 가입하게 되면 연수회 참가비, 책자 구입비 등에도 비용이 소요된다.

온라인 판매 및 창업자금 최소화 방안

온라인 판매

온라인 판매는 점포를 별도로 얻지 않고 온라인상에서 운영하기 때문에 집에서도 쉽게 할 수 있고, 창업자금도 저렴한 편이다. 그러나 온라인 판매도 경쟁이 치열해짐에 따라 경쟁력을 갖춘 온라인 쇼핑몰을 만들기 위해서는 상품의 제작과 사진 촬영, 쇼핑몰의 제작과 관리, 홍보 활동 등 여러 부분에 비용을 투자해야 한다. 쇼핑몰을 만드는 것 못지않게 소비자들에게 노출이 많이 되어야 하는데, 규모가 큰 꽃배달협회 및 업체들은 이미 적극적인 투자와 광고로 노출에 힘쓰고 있다. 따라서 온라인 판매 역시 쇼핑몰만의 특별한 노출 노하우가 있거나 광고 등에 의해 소비자들의 눈길을 끌 수 있어야 한다.

최소한의 자금으로 창업하는 방안

꽃집을 창업할 때 준비 자금이 적으면 창업 지원금 등을 빌릴 수도 있지만, 이것은 비용을 줄이는 것과는 별개의 문제이다. 꽃집은 일반적으로 창업자본이 적게 드는 편이지만 점포를 빌려서 연출하고 상품을 진열해야 하는 등 기본적으로 소요되는 비용이 결코 적은 것이 아니다. 그 때문에 자금이 없는 분들은 쉽게 포기할 수도 있는데, 꽃이라는 상품의 특성과 유통 특성을 파악하면 최소 자금으로도 창업이 가능하다.

가령 임차료는 집에서 인터넷을 이용한 온라인 판매를 하거나 예식장이나 웨딩드레스실에 웨딩부케를 납품하는 방법 등을 선택할 경우 소요되지 않는다. 또 임차료가 저렴한 비닐하우스 등을 빌려 분경 또는 수경 재배용 상품을 만들어 도매상이나 꽃집에 납품하는 일, 화환 등 꽃집 상품을 대행해주는 일이나, 빈터에 조립식 건물을 짓거나 건물과 건물 틈새의 공간을 활용하여 소품 위주의 판매 등을 하면 최소의 비용으로도 창업할 수 있다.

02 수익성 분석과 대책

의의와 비용 산출

의의

꽃집 창업은 다른 업종과 마찬가지로 신중하게 고민하고, 꼼꼼한 준비 과정을 거쳐야 한다. 개업만 하면 꽃집이 잘 될 것이라는 기대만으로 아무런 준비나 수익성에 대한 검토 없이 창업하는 것은 위험천만한 일이다. 최소한 하루에 얼마를 팔아서 어느 정도 이윤을 남겨야 운영이 되고 원하는 수익을 얻을 수 있을 것인가 등은 파악해야 한다. 또 꽃집의 운영 형태, 입지, 판촉 활동이나 자신의 인맥을 검토해볼 때 최소한 어느 정도의 매출액과 수익성이 보장될 것이라는 확신이 서거나 대응책을 마련한 다음 개업하고 경영해야 꽃집을 유지하고 발전시킬 수 있다. 만약 여러모로 검토해보아도 수익성이 맞지 않는다고 생각되면 미련 없이 창업을 포기하는 것이 금전이나 시간 손실을 줄이는 길이 된다.

투자 비용과 운영자금 산출

수익성 분석을 위해서는 우선 임차보증금, 점포의 권리금, 시설비, 인테리어 비용, 꽃 냉장고비, 차량 구입비, 초도 상품비, 개업 홍보비 등 꽃집을 창업할 때 소요되는 비용과 점포를 운영하면서 지출이 예상되는 월 임차료, 감가상각비, 인건비, 재료비, 세금과 공과금 등을 산출해본다.

예상 매출액 추정

꽃집의 수익성 분석을 위해서는 창업할 때 예상되는 비용과 창업 후 운영 자금을 산출한 다음, 예상 매출액을 조사하여 분석해야 한다. 예상 매출액은 지역과 입지, 판매품목, 계절과 기념일, 인맥, 거래처 등 다양한 요인에 의해 좌우되고 개업 후 경영 능력에 따라 달라지기 때문에 쉽게 예상할 수는 없다. 그러나 기존의 꽃집 매출 내역이나 상품 가격, 고객 특성을 분석하면 창업 초기의 예상 매출액을 조사하는 데 지표로 삼을 수 있다.

지역과 입지

꽃집의 창업 초기 매출액에 가장 많은 영향을 미치는 것은 점포의 입지와 인맥, 꽃배달 체인점 등이다. 입지는 꽃집을 하고자 하는 지역(대도시, 중소도시, 군, 읍 단위)에 따라 차이가 있는데, 군이나 읍 단위에 있는 꽃집들은 입지의 영향을 크게 받지 않는 편이다. 또 입지는 판매품목 및 고객층과 밀접한 관련이 있고, 이것은 개업 후 매출의 증감률과 관련이 있다. 가령 대도시에 있는 시내 번화가의 차 없는 거리나 대학가에 꽃집을 개업하면 방문 고객을 주상 대로 하여 꽃다발, 소품, 꽃바구니 등을 판매하는 것이 유리하다.

매출액은 개업하는 순간부터 일정 수준이 보장되나 일정 기간이 경과해도 고정 고객이나 매출액은 크게 증가하지 않는다. 반대로 대도시의 사무실 밀집 지역이나 대형 빌딩 근처에서 꽃집을 개업하면 초기에는 매출이 거의 없을 정도이지만 시일이 지나면서 꽃바구니, 화환, 난, 관엽식물 등 업무용 상품의 판매와 매출액이 증가하고, 통신에 의한 주문 비율도 높아진다. 한편 주택가나 아파트 단지에 개업을 하면 가정용 관엽식물, 소품, 분화식물, 원예 자재 등 위주로 판매되는데, 방문 구매하는 비율이 높으며, 시일이 지나도 매출액이 급격하게 증가하지는 않는 편이다.

이렇게 예상 매출 분석은 입지에 따라 달라지므로 개업하고자 하는 지역이나 입지에 있는 꽃집의 매출액을 조사한 다음 자신의 상황과 결부시켜 예상 매출을 산출하는 데 참고로 하면 좋다.

인맥

꽃집을 창업한 초기에는 고정 고객이 없으므로 매출은 방문 고객 외에 친인척, 사회활동을 통해 알게 된 사람 등 인맥에 대한 의존도가 높다. 인맥은 창업 초기뿐만 아니라 시일이 지나도 매출에 큰 영향을 미치므로 이에 대해 분석하는 것이 좋다. 인맥에 따른 매출액은 꽃집을 창업했을 때 고객이 되어 줄 사람 수×1인 평균 예상 구매액이다. 가령 1인당 연평균 30만 원 정도를 구매할 것으로 예상되는 사람이 365명 정도 된다면 개업하는 순간 1일 평균 30만 원 정도의 매출을 올릴 수 있게 되는 것이다. 그런데 실제적으로는 많은 사람을 알고 있어도 그 사람이 모두 고객이 되는 것은 아니며, 개인 고객의 대부분은 연중 구매액이 그다지 높지 않은 편임을 알아야 한다.

꽃배달 체인점 및 제휴업체

꽃집의 고객에는 개인이나 일반 회사 고객 외에 통신판매업체나 꽃배달 체인점 가맹에 따른 체인점 고객이 있으므로 창업 시 이 부분까지도 고려하는 것이 좋다. 이는 짧은 시간에 큰 거래처를 확보할 수 있음을 나타냄과 동시에 꽃배달 체인점 가맹 및 다른 업체와 제휴로 매출을 올릴 수 있음을 의미한다. 따라서 상황에 따라서는 꽃배달 체인점 가맹이나 꽃 관련 주문업체 등을 모색하여 제휴하는 것이 좋은데, 예상 매출액은 그들 업체의 월평균 구매액이나 발주액을 조사한 후 이를 감안하여 추정하면 된다.

계절 및 월별 매출 차이

꽃집의 매출액은 계절 또는 주말이나 기념일에 따라 차이가 심하다. 따라서 예상 매출액을 분석할 때는 월별, 졸업과 입학철 그리고 밸런타인데이와 화이트데이가 있는 2, 3월, 스승의 날, 어버이날이 있는 5월, 크리스마스가 있는 12월 등을 구별하여 산출할 필요가 있다.

수익성 분석

판매 상품과 단가

예상 매출액 분석은 어떤 사람에게 얼마를 팔 것인가와 더불어 어떤 상품을 얼마에 어느 정도 팔 것인가를 예상해야만 한다. 꽃집에서 판매되는 대표적인 상품의 가격을 살펴보면 일반적으로 경조화환은 8~10만 원, 관엽식물과 난은 5~10만 원, 꽃다발은 2~5만 원이다. 경조화환을 기준으로 할 때 월평균 1,500만 원의 매출을 올리기 위해서는 월평균 10만 원짜리 화환 150개, 일평균 5개의 화환을 판매해야 한다. 꽃다발의 경우 1일에 30만 원의 매출을 올리기 위해서는 2만 원짜리 꽃다발은 15개, 3만 원짜리는 10개를 팔아야 하므로 예상 매출액을 산정할 때는 어떠한 상품을 어느 정도의 비율과 양으로 팔아 하루 매출을 올릴 것인가를 추정하는 것이 좋다.

수익성 분석

꽃집의 수익성 분석은 비용 분석에서부터 시작한다. 비용은 크게 고정비와 변동비로 구분할 수 있는데, 고정비는 고정적으로 소요되는 것으로 시설물이나 설비의 감가상각비(고정설비자산-잔존가액/내용년수), 인건비, 세금과 공과금, 잡비가 포함된다. 변동비는 매출원가, 잡비 등이 포함되는데, 매출원가는 매출액×마진율(%)이다.

예상 매출액은 월 단위로 나눠서 계산한다. 예상 월 매출액은 꽃집을 창업했을 때 방문객, 꽃집 상품, 판매방식 등에 따라 달라진다. 가장 일반적인 방법으로는 꽃집의 방문객당 평균 구매액×일평균 방문객 수×30일=월 매출액이다. 그런데 입지가 좋지 않은 곳에 위치한 꽃집에서는 방문객 수가 적어 방문객의 구매만으로는 꽃집 운영이 어렵다. 이러한 곳에서는 온라인 쇼핑몰 개설과 통신판매에 따른 수익성 향상, 납품용 상품의 개발과 판매에 의해 예상되는 연간 매출액을 산출한 다음 12개월로 나누는 것이 좋다. 기념일 등의 상품 판매가 많은 곳에서는 월별 매출 편차가 큰데, 이런 곳에서도 연간 예상 매출액을 12개월로 나누는 것이 좋다.

예상 매출액이 산출되면 손익분기점과 월 순수익을 산출한다. 손익 분기점은 이익도 손해도 없는 상태로 손익분기점=고정비/1-(변동비/매출액)이다. 손익분기점은 인건비 부분에서 누구까지를 포함시킬 것인가에 따라 달라지지만 예측이 가능하다. 여하튼 꽃집을 개업할 때는 기본적으로 수익성 분석을 실시하고, 그에 따른 대책을 마련해야 한다.

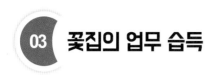

03 꽃집의 업무 습득

의의

꽃집은 소매점이지만 상품을 구비한 다음 일정액의 마진만 남기고 파는 것이 아니라 재료 상태의 꽃을 구입한 후 꽃다발, 꽃바구니 등의 상품을 제작하여 판매한다. 또 관엽식물, 난 등 살아있는 식물체를 구입하여 관리하고 연출하여 판매하기 때문에 지식과 기술력이 필요한데 이것들은 하루아침에 배울 수 있는 것들이 아니다. 그러므로 최소한 개업 전에 수업이나 연수를 통해 꽃집 운영에 필요한 기초적인 사항들을 익혀두어야만 꽃집 업무를 원활하게 수행할 수 있다.

자습

자습의 필요성

꽃집 업무는 관엽식물, 난, 절화, 선인장 등 취급 상품이 많음에 따라 꽃 이름을 외우고 상품의 특성에 따라 관리해야 한다. 계절에 따라 출하되는 것도 다른데 이런 상품을 소재로 하여 꽃다발, 꽃바구니, 분경 등을 연출하고 포장하며 리본에 글씨를 써 붙이고 배달하는 등의 기술적인 것 외에 하나의 비즈니스로서 꽃집을 경영해야 한다. 이 모든 사항들을 꽃꽂이학원, 꽃집 창업교실 또는 연수를 통해서 배우는 것은 쉽지 않다. 시간과 경비 문제도 있지만 그 모든 것을 지도해줄 수 있는 곳이 거의 없기 때문이다. 따라서 창업 전에 스스로 익힐 수 있는 것은 익혀두는 것이 시간과 경비를 절약하게 만드는 것은 물론 기초를 튼튼하게 만드는 데 도움을 준다.

자습 내용

꽃집을 개업하기 위해 스스로 배워두어야 할 것은 너무나 많다. 그중에서도 우선적으로 자습해두어야 할 것은 다음과 같다.

① 꽃집에서 유통되고 있는 절화, 분화류, 관엽식물, 난, 선인장 등의 이름과 각 식물별 원산지, 생육 특성과 관리요령, 절화의 수명 연장 방법 등은 식물도감이나 관련 서적을 통해서라도 미리 공부해두는 것이 좋다.

② 꽃집에서 꽃이 유통되는 체계, 꽃배달체계 등 구매에서 배달, 납품에 이르기까지 꽃집 일의 흐름에 대해 공부해둔다.

③ 상품 제작 측면에서 기회가 닿는 대로 상품을 유심히 살펴보고 특성을 파악해둔다. 또 카탈로그나 꽃 작품 사진 등을 종류나 기법별로 스크랩해둔다. 보다 적극적으로 자습하고자 할 때는 꽃다발 등을 구입한 후 풀어보고 다시 역순으로 포장하는 등 실제로 행해본다. 플라워디자인도 어렵게 생각하는 분들이 많지만 꽃집 경영주 중에서는 학원에 다니지 않고 자습으로 익혀서 시작한 사람들도 있다.

④ 꽃집은 하나의 사업체이다. 비즈니스 측면에서 경영이 요구되므로 경영 관련 이론이나 꽃집 경영 사례에 대해 공부하고 감각을 익혀둔다.

자습 방법

스스로 공부하고 익힌다는 것은 분야에 관계없이 쉬운 일이 아니다. 꽃집 업무 중에서 식물 이름을 외우는 것이나 경영에 대해서는 이론 공부로도 어느 정도 자습할 수 있으나 꽃꽂이, 화환, 꽃바구니, 꽃다발 등 플라워디자인은 쉽지 않아 학원을 다니거나 꽃집에서 아르바이트를 하면서 배우는 것이 현실이다. 그런데 플라워디자인도 그 원리를 알고 좋은 방법으로 공부하면 보다 쉽게 배울 수 있다. 다음은 꽃집의 업무를 쉽게 자습할 수 있는 방법이다.

① 자료를 수집하고 활용한다.

관련 서적을 구입하여 공부한다. 관련 서적이 없거나 구입이 쉽지 않을 때는 잡지 등에서 오린 뒤 스크랩해두고 공부한다. 인터넷 카페나 블로그 이미지 등을 활용해도 좋다.

② 원리를 이해한다.

꽃바구니, 화환, 꽃포장 등은 많은 유형이 있는 것 같아도 유형별로 분류해보면 많지 않다. 몇 가지 유형을 기본으로 해서 응용하는 것이기 때문에 이 기본적인 유형을 파악하고 원리를 이해하면 쉽게 자습할 수 있다.

③ 그림을 그려보고 치수를 파악한다.

상품을 분해해보는 것과 함께 제작 과정을 그림으로 그려보면 실제로 자신이 제작하는 것처럼 그 순서나 기술을 쉽게 이해할 수 있다. 특히 각각의 절화나 분식물, 그리고 바구니, 꽃다발 등에 사용되는 재료는 물론 꽃의 치수를 파악해두면 쉽게 익힐 수 있다.

④ 제작 과정을 머릿속에 그려본다.

⑤ 제작 과정의 순서에 따라 제작해본다.

⑥ 관련 업체에서 아르바이트를 하면서 스스로 익힌다.

⑦ 꽃집 업무는 꽃이라는 계절상품을 취급한다. 연간을 통해서 변하지 않는 것이 없으며, 유행이 있기 때문에 꽃에 대한 정보를 모아 공부해야 한다.

수업

수업의 필요성

꽃집의 주요 업무 중 하나가 절화 상태의 재료를 가지고 꽃다발, 꽃바구니 등으로 연출하고 포장하는 것이다. 그러므로 연출 솜씨나 포장 솜씨 자체가 상품 전략이 되므로 수업을 통해서 상품 제작 능력을 갖춰둬야 한다.

수업 내용

꽃집을 하기 위해 꽃꽂이 학원을 3년 혹은 5년이나 다녔는데도 직접 꽃집을 해보니 학원에서 배운 것이 별로 쓸모가 없다는 얘기를 종종 들을 때가 있다. 이는 꽃집에서 꼭 필요한 것 위주로 배우지 않았기 때문이다. 그러므로 꽃집에서 꼭 필요하되 자습으로 익히기에는 다소 어려운 것 위주로 배우는 것이 좋다.

대체로 꽃집에서 필요한 것은 일반 꽃꽂이 교실에서 가르치는 꽃꽂이 과정과 상당한 차이가 있다. 기술의 효과적인 습득을 위해서는 꽃집 창업 후 취급하고자 하는 품목이나 꽃집의 판매품목 내역 분석 결과 비중이 큰 꽃바구니, 경조화환, 사방화, 꽃다발 및 분식물 포장 위주로 배우는 것이 좋다.

수업 기간

꽃집 운영에 필요한 기술인 플라워디자인을 제대로 배우려면 최소한 주 1회 수업 기준으로 1년은 배워야 한다. 각 계절마다 출하되고 자주 이용하는 소재가 다르기 때문에 각 계절의 꽃을 전부 다뤄보고 이용해보아야 하기 때문이다. 기념일에 따라 그에 맞는 상품 제작 수업을 받을 수 있고 수업을 받을수록 기술 습득 완성도가 높아진다.

하지만 현실적으로 비용과 시간 등으로 오랫동안 수업을 받기에는 부담이 되는 경우가 많다. 그럴 경우 3~6개월 정도 배우면 꽃집 운영에 필요한 기초적인 디자인은 배울 수 있다. 만약 3개월 정도도 배울 시간적 여유가 없다면 꽃집에서 필요한 것 위주로 가르치는 곳을 선택하여 우선적으로 꼭 필요한 것 몇 가지만이라도 배우도록 한다. 개업한 뒤에 배울 요량이라면 1개월, 더 짧게는 1주일 정도로도 가능하다. 하지만 이 경우에는 개업 후 금방 한계가 나타나고 시행착오를 겪기 쉬우므로 개업 후라도 공부하는 것이 개인의 자질 향상과 꽃집의 발전, 그리고 꽃집 업계의 신뢰 측면에서도 좋다.

수업 기관

꽃집 창업을 위해 필요한 것을 배울 수 있는 곳은 꽃꽂이 학원이나 강습소, 구청의 복지회관, 대학의 사회교육원 등 다양한데 수업 기관에 따라 수업 내용에 차이가 있다. 그러므로 수업 기관을 선택할 때는 다음과 같은 조건을 갖춘 곳이 좋다.

① 창업하고자 하는 형태의 꽃집에서 우선적으로 필요한 디자인을 가르
   치는 곳.
② 실제로 꽃집이나 관련 업체를 운영하면서 꽃집 창업 교실을 운영하는 곳.
③ 꽃꽂이 교실이라도 꽃집 등의 사정을 잘 알거나 경험이 있는 곳.
④ 창업 이후에도 필요에 따라 지도를 받을 수 있는 곳.
⑤ 인간적인 관계를 유지해서 계속적으로 상담이나 지도를 받을 수 있는 곳.
⑥ 꽃집의 상품과 경영에 대한 전문성이 있는 곳 .

인터넷 및 통신 강좌로 배우는 방법

최근에는 인터넷 강좌나 DVD 등의 자료들을 이용하여 꽃의 관리와 연출
을 배울 수 있는 환경이 조성되었다. 그런데 이러한 강좌들은 직접 참여하여
실습해보는 것이 아니기 때문에 현실과는 조금 거리가 있다. 따라서 인터넷
강좌 등으로 배울 때는 이론적으로만 배우고 끝내는 것이 아니라 재료를 구
입하여 실습해보면서 몸에 익히는 것이 중요하다.

연수

연수의 필요성

책을 읽으면서 배우고, 수업을 통해 배우는 것은 그 나름대로의 의미가 있
고 꽃집 경영에도 필요하다. 그러나 그것만으로 부족한 게 꽃집 업무이다. 학

원에서는 구입해놓은 꽃으로 상품을 만드는 것만 배우지 꽃집처럼 본인이 직접 꽃을 구입하고, 손님과 상품, 꽃의 종류, 가격을 교섭하고 디자인하여 파는 경험까지 배우지는 못한다. 그 일련의 작업을 배우기 위해서는 무엇보다 현장 경험이라는 것이 필요하다.

연수 장소

연수는 가능하다면 다음과 같은 조건이 맞는 곳에서 하는 것이 좋다.

① 자신이 창업하고자 하는 유형의 꽃집에서 한다.

꽃집은 위치나 주요 판매품목, 경영방식에 따라 차이가 심하다. 자신이 구상하고 있는 꽃집과 다른 곳에서 연수하게 되면 막상 창업했을 때 크게 도움이 되지 않는 경우도 있다. 그러므로 자신이 하고자 하는 꽃집의 판매방식, 상품 구성, 점포 레이아웃, 상품내용 등의 꽃집 유형을 설정한 후 그와 비슷한 유형의 꽃집에서 연수하는 것이 좋다.

② 돈을 잘 버는 꽃집에서 한다.

꽃집 창업을 위해 꽃집에서 일을 배울 때는 가능한 체계적으로 운영되고, 돈을 잘 버는 꽃집에서 연수하는 것이 좋다〈그림 2-5〉. 돈을 잘 버는 꽃집은 그 나름대로 이유가 있기 때문에 그 노하우를 배울 수 있다. 실제로 많은 꽃집을 다니면서 느낀 건데, 경영 성과가 좋지 않은 꽃집에서 일을 배운 사람이 독립하여 차린 꽃집의 경우 대부분 경영 실적이 좋지 못했다. 이는 일반적인 기업 활동에서도 마찬가지이다. 돈을 버는 노하우가 없는 기업이 이익을 내기 위해 신규 분야에 진출해도 90% 이상은 이익을 내지 못한다고 한다. 반대로 돈을 버는 방법이 이미 습관으로 굳어져 있는 기업은 무엇을 하든 벌 수 있다

그림 2-5
꽃집 창업을 위해 연수를 받을 때
는 가능하면 우수하게 경영하는 꽃
집에서 하는 것이 좋다.

고 한다. 그러므로 현재 꽃집 창업을 위해 연수를 받으려고 마음먹은 예비 경영주들은 가급적이면 돈을 잘 버는 꽃집에서 연수를 했으면 하는 바람이다.

연수 기간

꽃집에서 판매하는 상품은 계절상품이 많다. 꽃집은 기념일에 따라 판매상품, 방식에 차이가 심하므로 이를 경험해보기 위해서는 최소 1년은 해야 한다. 꽃집 업무는 1년 주기이기 때문이다. 그런데 꽃집 업무는 한 번의 경험만으로 여러 가지 상황에 능숙하게 대처하기가 쉽지 않다. 2년 정도 경험하여 대처능력이 생겼다고 해도 시행착오를 할 수 있고, 3년은 되어야 제대로 대응할 수 있으므로 원칙적으로 3년쯤 하는 것이 좋다. 하지만 현실적으로 꽃집에서 아르바이트를 하거나 연수를 위해 꽃집의 직원으로 근무할 경우, 월급이 대체적으로 낮은 수준이기 때문에 오랫동안 하게 되면 경제적인 문제가 뒤따르기 마련이다.

따라서 수업을 충실히 받고 적극적인 자세로 연수를 한다면 1~2개월 정도로도 가능하다고 생각한다. 1~2개월이라면 통신배달 시스템, 접객에 대한 자신감, 마케팅 방법, 수업 시 배운 상품과 현장에서 판매되는 상품과의 차이점,

거래처 관리요령 등 기본적인 것은 이해할 수 있을 것이다. 또 입지에 따라 연수 기간도 구별하는 것이 좋은데 시골에서 꽃집을 개업하고자 할 때는 짧게 해도 좋지만 도시에서 개업할 때는 연수 시간을 길게 하는 것이 좋다. 시골은 인맥이 중요시되는 반면 도시에서는 디자인 기술과 마케팅 및 접객이 중요시되므로 기술적인 것 외에 접객 노하우를 습득하는 것도 중요하기 때문이다.

연수 내용

꽃꽂이 교실에서 배운 것을 현장에서는 실제로 활용하지 못하는 경우가 많다. 수업에서 배운 것과 현장에서 필요한 것과의 차이 때문이다. 이 차이는 제작자와 고객의 선호도 차이와 함께 제작 측면에서는 원가를 절감하여 이익률을 향상시키고자 하는 데서 많이 발생하는데 연수에서는 이것까지도 배워둬야 한다. 즉 고객이 무엇을 원하고 어떤 유형을 선호하며, 같은 상품이라도 어떻게 제작하는 것이 원가가 절감되는지 등의 디자인 부분까지도 배워둬야 한다. 이외에 수발주, 판촉 활동 등 마케팅과 경영 부문에 대한 내용도 익혀두는 것이 좋다.

기타

온라인업체

꽃집을 하기 위해 수업 및 연수를 받는다 해도 꽃 전문 온라인업체를 창업하고자 할 때는 오프라인 꽃집과 차이가 발생한다. 현재 꽃 전문 온라인업체는 온라인 분야에 강한 사람들이 꽃집에서 온라인 판매를 담당하다가 독립한 경우가 많다. 이들은 꽃 상품 제작능력은 없어도 꽃 관련 업체에 근무하면서 꽃의 유통체계, 상품지식, 이름, 용도, 고객 특성 등을 배운 후 독립한 경우가 대부분이다. 그러므로 꽃 전문 온라인업체를 창업하려는 사람들도 수업이나 연수를 받으면 고객의 취향을 쉽게 판단하고 접객 시 상담이나 제안 등도 쉽게 할 수 있어 유리하다.

한편 꽃 전문 쇼핑몰을 개설하려는 계획이 있다면 기존 여러 업체들의 웹사이트에 접속하여 각 사이트의 장단점을 분석한 다음 장점들을 벤치마킹하는 것도 좋은 방법이다.

경영자로서의 자질 계발

시대의 변화에 따라 꽃집 간 경쟁이 더욱더 격화되고 있다. 수많은 꽃집과의 치열한 경쟁 속에서 살아남고 발전하기 위해서는 플라워디자인 능력 못지않게 경영이나 마케팅에 대한 공부가 필수적이다. 우리나라의 꽃집 업계에서는 현재까지도 플라워디자인의 자질, 점포의 전통, 경험을 중요시 여기고 있는 편이지만 이것만으로는 발전할 수 없다. 고객의 입장에서 생각하고 경영이나 마케팅 센스를 함양하고 넓은 시야에서 꽃집이라는 사업을 발전시켜야 한다.

그러기 위해서는 경영이라는 관점에서 접근하는 법, 객관적인 데이터에 의한 마케팅 전략 수립 방법에 대한 공부가 필요하다. 만약 다른 업종에서 근무했던 사람이 꽃집을 창업하고자 한다면 자신이 일했던 분야의 마케팅 방법을 꽃집의 경영과 접목하는 법을 생각하고 실행하면 크게 도움이 된다.

3
Chapter

꽃 상품의 유통과
체인점에 대한
이해

01 위탁체계

의의와 구조

의의

꽃집의 창업 초기에는 경험이나 기술력 부족으로 소비자들의 주문에 제대로 응대하지 못하는 경우도 발생한다. 실력이 있어도 제작시간이 없다든지 부재중이어서 주문을 접수하지 못하는 경우도 있다. 꽃집 면적이나 위치에 따라 다양한 상품을 갖춰놓지 못해 주문한 상품을 공급하지 못하는 경우도 있다. 이러한 경우를 대비하여 창업 전에 꽃집의 업무를 대행해주는 대행업체를 파악해두고, 위탁체계를 이해한 후 창업하면 고객의 주문에 제대로 대응하지 못해 실수하는 경우를 크게 줄일 수 있다.

지역에 따라서는 꽃집의 업무를 대행해주는 곳이 없으므로 주변에 실력 있는 꽃집과 인간관계를 맺어 필요 시 위탁할 수 있도록 해두면 상품이 없거나 기술이 없어서, 혹은 시간이 부족해서 주문에 대응하지 못하는 일은 없을 것이다.

위탁체계의 구조

꽃집의 위탁체계란 좁은 의미로 꽃집이 꽃집 업무를 대행해주는 체계를 말한다. 넓은 의미로는 다른 지역에 있는 꽃집에 배달을 의뢰하거나 시외 지역의 꽃집이 시내 꽃집으로 주문하는 것까지 포함되지만 이것은 통신배달에서 별도로 구분하였다. 그러므로 여기에서는 동일 지역에서 꽃집 일을 대행해주는 업체와 꽃집과의 관계로 한정하였다.

위탁체계는 고객이 꽃집에 주문을 하게 되면 꽃집에서 접수받은 다음, 20~30%의 마진을 남기고 대행업체(용역업체)에 주문을 하는데, 이때 대행업체에서는 상품을 제작하여 10~30%의 마진을 남기고 배달 및 납품까지 해주는 시스템으로 되어 있다.

이 위탁체계를 활용하면 꽃집은 상품을 제작하지 않아도 전화 한 통화로 직접 제작하여 배달, 납품하는 것과 같은 마진율을 남기는 것이 가능하다. 그렇지만 상품 수준이 꽃집에서 한 것과 차이가 있거나 고객에 따른 상품 공급 조정이 어려워 신용도가 문제될 수 있고, 직접 제작할 기회가 적어지므로 상품 제작 노하우 축적이 어려워지는 단점이 있다.

화환 위탁업체

등장배경

과거 꽃집에서 경조화환의 수주는 이익이 되는 한편 골치 아픈 존재였다. 특히 근조용일 경우에는 더욱더 그랬다. 보통 축하용은 일시가 미리 정해지기 때문에 사전에 꽃의 종류와 상태를 보아가며 준비할 수 있었는데, 근조용은 갑작스럽게 주문하기 때문에 준비할 수 있는 시간적 여유가 많지 않았다. 또 축하용 꽃은 화려한 꽃이기 때문에 축하화환에 사용하지 않더라도 꽃바구니나 꽃다발에 사용할 수 있었다. 하지만 근조용에 사용되는 꽃은 대부분이 흰색 대륜국화로 다른 용도로 쓰기에도 마땅치 않았다. 그렇다고 언제 주문이 들어올지 모르는 상황에서 근조용 꽃부터 갖춰놓기는 쉽지 않다. 어느 정도 경험이 있는 꽃집에서는 기존 판매량에 따른 자료를 감안해서 갖춰놓지만, 그래도 의외의 상황이 자주 발생하기 때문에 재고가 생기기도 하고, 꽃이 부족해 단골 고객의 주문인데도 제작하지 못하는 경우도 있었다.

규모가 작은 꽃집에서는 매장이 좁아 부피가 큰 화환을 제작할 공간이 부족하다. 화환은 부피가 커서 배달할 때 전용차량이 필요하고, 예식장 등 복잡하고 시간을 맞춰야 하는 장소에 배달해야 하는 문제점도 있다. 경조화환 위탁업체는 바로 꽃집 경영자들이 부딪히는 이런 문제에 힌트를 얻어 등장하게 된 것이다.

운영 특징

경조화환은 매출액을 올리는 데는 크게 도움이 되지만 꽃이나 화환대 등 재료를 갖춰야 한다는 점, 작업 공간이 부족한 점 등과 같이 제작과 배달에 있어 어려움이 뒤따른다. 경조화환 위탁업체는 이러한 문제에 대해 경조화환 한 품목을 전문화함으로써 소재의 구입에서 배달, 납품에 이르기까지의 비용과 과정을 최소화하고 있기 때문에 소비자 가격의 50~60% 가격으로 꽃집의 화환을 대행해주고 있다. 주요 운영 특징은 다음과 같다.

① 재료를 대량으로 사용하기 때문에 저렴하게 구입하는 것이 가능하고, 유통비가 적게 드는 편이다.

② 일반 꽃집에서는 소량으로 하기 때문에 꽃의 회전율이 늦어 신선도가 떨어지거나 재고 발생이 많으나 위탁업체에서는 대량으로 하기 때문에

꽃을 구입해 사용하기까지의 시간이 짧아 재고율이 극히 낮다.

③ 화환을 미리 꽂아둔 후 주문이 들어오면 곧바로 배달하는 체계를 갖추고 있어 주문에서 배달까지의 시간이 적게 걸리고, 납품시간이 촉박한 주문에 빠르게 대응할 수 있다.

④ 꽃을 꽂는 것이 전문화되어 꽃을 꽂는 시간이 단축되고 적은 소재로도 멋을 부릴 수 있다.

⑤ 대량 배달하기 때문에 지리에 익숙하며 같은 방향 또는 같은 장소에 꽃을 한꺼번에 싣고 가는 일이 많아 운반비가 절감된다.

⑥ 행사에 사용된 경조화환을 수거하여 재활용하는 사례도 있다.

분식물 및 난 위탁업체

분식물은 주로 플라스틱 화분 상태로 심어져 유통된다. 꽃집에서는 플라스틱 화분에 심겨진 식물을 화분포장만 한 채로 판매하는 경우도 있지만, 도자기 화분 및 나무상자 화분에 심어서 판매하는 경우도 있다. 이 경우 흙이 있어야 하는데 인테리어에 신경을 쓴 꽃집에서는 실내가 오염되기 때문에 장식용 화분으로 분갈이하기가 쉽지 않다〈그림 3-1〉.

이런 애로점에 착안하여 만들어진 위탁업체에서는 주문한 식물을 모아 심거나 분갈이를 한 후 배달 및 납품까지 해주고 있다. 또 꽃집에서는 다양한 상품을 갖추고 싶어도 면적이 좁고, 환경이 좋지 않아 큰 식물이나 동서양란을 들여놓기 어려워 고객의 주문에 대응할 수 없는 경우가 있는데, 이 경우 난 전문점이나 관엽식물 전문점에 주문하면 상품의 배달과 납품을 대행

그림 3-1
청결과 인테리어에 신경을 쓰는 꽃집이나 규모가 작은 꽃집은 분식물 및 난의 중간도매 및 위탁업체 상품으로 소비자 주문에 대응하고 있다.

해주기도 한다.

난의 경우 꽃집에서 개화된 것을 구비한 후 판매가 되지 않으면 재고로 손실이 되기 때문에 구비해놓지 않고 주문이 들어왔을 때 도매업체에서 구매하거나 위탁업체에 배달을 의뢰하는 경우도 있다.

위탁체계의 활용 방향

위탁체계는 꽃집이 소비자의 주문을 마진만 남기고 위탁업체에 다시 주문하면 위탁업체에서 배달, 납품까지 하므로 참으로 편리한 체계라 할 수 있다. 그러나 위탁업체의 등장 이후 다음과 같이 몇 가지 부작용도 덩달아 발생하고 있다.

① 꽃집에서 상품을 직접 제작하지 않아도 되므로 실력이 없는 사람도 꽃집을 하는 것이 가능하고 이것은 소비자들이 꽃집을 불신하는 원인으로 작용하고 있다.

② 처음에는 꽃집에서 주문을 받던 위탁업체들이 일정액의 매출이 오르면 도매에서 소매로 돌아서는 경우가 많다. 이때 소매가격을 꽃집에서 받는 가격보다 싸게 받아 그로 인해 지역 내에서 일반 꽃집의 경쟁력이 저하되는 경우가 발생한다.

③ 위탁업체에서는 판매량이 많기 때문에 꽃집에서 예식장이나 장례식장, 개업식에 배달해놓은 것들을 행사가 시작되기도 전에 회수하여 다시 판매하는 등 상품의 분실과 재사용에 의한 불신, 품질 저하의 원인을 제공하고 있다.

④ 예식장이나 장례식장에서 사용된 것을 재사용하는 사례는 또 다른 문제점을 낳는다. 즉 꽃 소비에 장애가 되고, 꽃의 품질 하락과 고객 불만 등의 문제를 일으킴과 동시에 꽃집의 역할이 축소되는 데 영향을 미치고 있다.

따라서 창업을 할 때는 상품의 제작이나 배달은 가능한 본인의 점포에서 제작하여 납품하는 것이 장기적인 입장에서 바람직하다는 생각을 갖고 행하는 것이 좋으며, 어쩔 수 없는 상황일 경우에 한해 위탁체계를 활용한다.

02 꽃의 통신배달

의의와 체계

의의

흔히들 '전국 꽃배달'로 인식하고 있는 꽃의 통신배달은 시외 권역으로 꽃배달 주문을 받았을 때 시외의 꽃집으로 정보를 보내 근처의 꽃집에서 배달하는 시스템이다. 통신배달은 현재 전화, 인터넷 등에 의한 통신주문의 비율이 높아지고 있는 것과 함께 증가하고 있다. 그러므로 꽃의 통신배달체계를 이해하고 이를 효율적으로 활용하게 되면 시외나 외국으로 배달을 의뢰하는 고객의 주문에 효율적으로 대응할 수 있어 매출 확대가 가능하다. 동시에 통신배달에 따른 마진 확보와 시외 꽃집과의 관계 개선에 의한 시외에서의 역주문량 증가 등 이미지 개선과 경영에 효과적이다.

꽃의 통신배달체계

국외나 다른 도시로 꽃을 보내고 싶을 때 이용하는 것이 통신배달체계이다. 통신배달체계를 이용하여 멀리 꽃을 보낸다고 해서 우편물처럼 직접 꽃을 보내는 것은 아니고, 주문 정보를 보내 꽃을 받을 사람 주위에 있는 꽃집에서 꽃을 배달하는 형식이다. 예를 들어 서울에 사는 고객이 지방에 있는 친척의 경조사에 화환을 보낼 일이 있어 자신이 살고 있는 곳 근처의 꽃집에 주문을 하면 그 꽃집은 전화, 팩스 및 컴퓨터 등을 이용하여 그 친척이 살고 있는 가장 가까운 꽃집에 통신을 보낸다. 그러면 지방에 있는 꽃집이 주문자의 친척집에 꽃을 전달하는 체계이다. 대금은 꽃집끼리 혹은 꽃배달 회사의 정산 기구를 사용하는 형태로 되어 있는데, 주문을 하는 꽃집에서는 마진율을 20% 정도 확보한 다음 발주하는 것이 관례이다.

꽃배달 구조와 통신배달 유형

유형

꽃의 통신배달은 꽃의 배달과 밀접한 관련을 맺으며 발달해왔다. 지금도 여러 가지 유형이 존재하고 있으므로 이에 대한 이해를 바탕으로 효율적으로 활용하는 동시에 변화에 대응해야 할 것이다. 그런 의미에서 꽃 주문에서 소비자까지의 유통경로를 살펴보면 〈그림 3-2〉와 같은 유형이 있으며, 각 유

①형	시내 고객 → 꽃집 → 시내 소비자(받는 고객)
②형	시내 고객 → 꽃집 → 시외 꽃집 → 시외 소비자(받는 고객) 시내 소비자 ← 꽃집 ← 시외 꽃집 ← 시외 고객(주문 고객)
③형	시내 고객 → 꽃집 → 협회, 단체, 꽃배달업체 → 시외 꽃집 → 시외 소비자(받는 고객) 시내 소비자 ← 꽃집 ← 협회, 단체, 꽃배달업체 ← 시외 꽃집 ← 시외 고객(주문 고객)
④형	시내 소비자 → 운송업체 → 시내외 소비자(근거리 시외)
⑤형	주문 고객 → 협회, 단체, 이업종업체, 꽃배달 회사, 인터넷업체 → 꽃집 → 소비자(받는 고객)
⑥형	시내외 고객 → 시내외 꽃집 → 시내외 소비자

그림 3-2 꽃 주문에서 소비자까지의 꽃 유통경로.

형별 특징은 다음과 같다.

유형별 특성

①형

과거의 일반적인 꽃배달 형태로 시내로 배달되는 것만 주문을 받았다. 지금은 거의 모든 꽃집에서 시외까지 배달되는 상품의 주문을 받고 있다.

②형

꽃집에서 행해지는 시외 배달상품의 일반적인 유통구조였다. 1990년대식의 꽃배달 구조로 꽃 관련 단체에서 가맹점 회원 명부를 만들어서 전국의 꽃집에 배포해놓으면, 꽃집에서 시외 배달 주문이 들어왔을 경우 배달할 곳과 가까운 곳의 꽃집에 배달을 의뢰하던 구조이다.

③형

2000년대부터 활성화되고 있는 구조로 ②형의 단점을 극복하기 위해서 발달한 것이다. ②형은 ③형보다 유통구조가 짧지만 특정 꽃집에서 다른 특정 꽃집으로 보내는 일방적인 방식을 취했다. 한쪽에서는 보내기만 하고 한쪽에서는 받기만 하다 보니 보내기만 하는 곳에서는 불만이 생기게 되었고, 받는 꽃집에서는 수금하는 데 어려움을 겪기도 했다.

반면 ③형은 협회나 단체 본부에서 발주가 많은 곳에는 수주도 많게끔 수발주를 조절하는 집산기능을 하며, 직접 거래에서 오는 결제상의 문제를 개선해 결제 대행 기능까지 하여 도매시장과 같은 역할을 한다. 어떻게 보면 유통단계가 한 단계 더 늘어남으로써 유통 비용이 증가하는 단점이 있지만, 수수료를 3~8%로 정하고 유통비용을 최소화하면서, 집산기능으로 시외로 배달되는 것이 많은 꽃집에게는 시외에서도 수주를 많이 받게 하여 결과적으로 열심히 하는 꽃집의 매출 증대에 기여하고 있다.

가령 ②형에 의해 어느 지역의 A꽃집이 B꽃집으로 보내면, B꽃집에서 A꽃집으로 보내지 않는 한 A꽃집의 매출액은 시내에서 시외로 주문하는 것은 많은 반면에 시외에서 시내로 주문한 것은 적거나 없게 된다. 하지만 ③형에 의해 본부(본사)로 발주하게 되면 본부에서는 다른 지역에서 A꽃집이 있는 지역으로 보내는 것을 모은 다음 A꽃집에서 본부로 10만 원을 발주했다면 그 금액에 해당되는 양을 A꽃집으로 발주한다. 결과적으로 A꽃집이 시외로 보낼 경우, 수수료 외에 시외 주문을 수주함으로써 매출을 증가시킬 수 있는 것이다. 또 수금도 꽃배달 회사 본사에서 관리하므로 미수금 발생률 역시 낮아지게 된다.

④형

시내 소비자들이 시외에 있는 고객에게 배달해줄 것을 의뢰했을 경우, 꽃집에서는 시외의 꽃집에 의뢰하는 것이 일반적이다. 그런데 시내 꽃집이 마진을 남기지 않고라도 시외에 있는 꽃집에 주문했을 경우에는 지역 간 상품이나 기술 차이에 의해 주문한 고객이 원하는 상품이 아닌 것이 배달될 수 있다. 이때 시내에 있는 꽃집에서 직접 시외의 꽃집으로 배달하는 것이 바람직하지만 배달 비용이 많이 소요되어 원가가 나오지 않거나 생산성이 떨어지는 경우가 발생한다.

이런 경우 시외로 배달될 상품을 여러 개 모아서 배달하면 품목당 배달비는 줄어 배달이 가능하게 되는 경우도 있다. 또 꽃값이 쌀 경우 시외라도 가까운 곳은 직접 배달 가는 것이 마진율이 높다. 즉 시외 꽃집으로 배달을 의뢰할 경우 20% 정도의 마진밖에 남지 않지만, 직접 배달을 갈 경우 상품에 대해 신뢰할 수 있으면서도 50%의 마진율이 남게 된다. 이런 경우는 ④형의 생산성이 높아진다.

⑤형

꽃집과 다른 업종 제휴 증가 및 인터넷의 발달로 많이 대두되고 있는 유형이다. 혹은 꽃집 없이 사무실만 놓고 꽃배달 주문을 받는 방식이다. 이 방식은 유통단계의 증가로 꽃값이 비싼 편이지만 홍보의 활성화, 결제 수단의 편리성 등의 요인에 의해 수발주가 증가하고 있는 형태이다.

⑥형

주문하는 고객이 꽃을 받을 고객의 근처에 있는 꽃집에 직접 주문하는 방식으로 소비자나 꽃집 입장에서 보면 가장 바람직한 유통구조이다. 그러므로 꽃집을 창업하여 영업할 때는 이 구조를 알 수 있도록 홍보하여 시내나 시외의 소비자가 시내로 배달할 꽃을 주문할 경우 직접 주문하도록 마케팅 전략을 취하는 것이 좋을 것이다.

꽃의 통신배달 주문업체와 활용

꽃의 통신배달이 활성화됨에 따라 꽃집이 아닌 곳에서도 꽃배달을 주문받은 다음, 꽃집에 통신배달을 의뢰하는 업체도 있다. 이들 업체는 주문만 맡고 배달은 통신을 통해 꽃집에 위탁하는 체계를 취하고 있다. 따라서 꽃집을 창업할 때는 이들의 존재와 체계를 파악한 후 활용대책을 세우는 편이 매출을 확대하는 데 도움이 될 것이다.

온라인업체

꽃 전문 쇼핑몰 사이트를 개설하여 온라인 판매를 하는 곳은 주문받은 꽃을 직접 제작하여 배달하는 것이 아니라 꽃집에 위탁하는 체계를 취하고 있다. 따라서 꽃집에서는 활성화된 온라인업체 몇 군데와 거래하여 배달만 대행해도 웬만한 꽃집의 매출 이상을 판매할 수 있다. 최근에는 고객이 주문하면 컴퓨터 전산망을 통해 각 지역별로 분류되고, 서울 배송센터와 전국의 각 꽃집을 통해 소비자에게 공급되므로, 이들 온라인업체와의 업무 제휴는 창업 후 짧은 시일 내에 매출을 확대하는 데 도움이 될 수 있다.

우체국

우체국에서는 우편물뿐만 아니라 꽃배달 주문도 받고 있다. 주로 우체국 창구나 전화로 주문을 받는다. 전화로 주문받을 경우 꽃배달 요금은 전화요금에 포함되기 때문에 주문자는 현금이 없어도 주문이 가능하다.

하지만 우체국에서 주문받은 것은 판매가의 20%를 수수료로 제외하고 대행업체에 위탁한다. 이 통신배달체계는 유통단계가 많기 때문에 유통 비용이 증가하고 소비자들이 부담을 지는 형태이다.

기타

꽃 전문 온라인업체 외에 꽃집 없이 배달을 전문으로 수주하여 각 지역의 꽃집에 통신배달을 위탁하는 업체가 있다. 또 은행, 카드사, 홈쇼핑업체, 백화점, 대기업 등 다양한 업체들이 꽃의 통신배달 주문을 맡은 후 일정액의 수수료를 확보한 뒤 상품 제작과 배달을 꽃집에 위탁하는 체계를 취하고 있다. 인터넷에서 사이트를 찾아보면 생각보다 많은 업체들이 꽃배달 업무도 취급하므로 이를 파악하고 업무 제휴를 하면 매출을 쉽게 증가시킬 수 있다.

꽃의 통신배달에 따른 문제점과 대응책

꽃의 통신배달은 꽃을 보내는 사람과 받는 사람 사이에서 주문을 받은 꽃집과 그 꽃을 배달하는 꽃집까지 네 가지 입장이 존재한다. 따라서 상품값이나 질에 대한 책임 문제가 불분명해지는 경우가 있다. 또 배달지역이 넓은 만큼 지역에 따라 갖추고 있는 꽃의 종류나 가격, 상품 제작기술이 다른 경우도 있어서 실패할 수 있다.

가령 꽃을 보내는 사람이 백색 장미로 만든 하트형 꽃다발을 주문했는데 배달을 하는 쪽 꽃집에는 백색 장미가 없거나 하트형 꽃다발을 만들 수 있는 기술이 없을 수도 있다. 꽃의 통신배달체계를 활용하기 위해서는 통신배달체계의 이해뿐만 아니라 통신배달 상품이 소개된 카탈로그 등의 자료 수집과 분석, 자주 이용되는 상품의 종류와 가격, 제작기술에 대한 정보, 거래 꽃집의 신용도 파악 등 다양한 주문에 대응할 수 있는 방법을 마련해야 한다.

03 체인점 체계

의의

꽃집을 창업한 직후는 실력이 부족하거나 혹은 실력이 있어도 경험이 부족해서 합리적으로 고객에게 대응할 수 없는 경우가 있다. 매출액 측면에서도 고정 고객을 갖고 있는 기존 꽃집과는 달리 고객을 확보하면서 상품을 판매해야 하기 때문에 매출을 일정 수준까지 올리는 데 시일이 걸린다.

또 꽃은 다른 소매 상품에 비해 주문자가 살고 있는 지역 외로 배달되는 통신배달 비율이 높기 때문에 통신배달을 위탁할 시외 지역의 꽃집을 선정하여 거래해야 하는데, 정보가 많지 않아 거래할 수 없거나 비효율적으로 되기 쉽다.

체인점은 이러한 문제점을 안고 있는 꽃집에 상품이나 경영에 대한 노하우를 제공하여 원활하게 운영하게 만든다. 각 지역에 있는 체인 꽃집에 대한 정보를 제공함으로써 통신배달을 효율적으로 하게 하고 통신배달 주문량 확보에 의한 매출 증대를 꾀하려는 꽃집들에도 유리한 체계이다.

꽃집 체인점의 종류와 운영체계

체인점 종류와 특성

① 프랜차이즈 체인

프랜차이즈 체인(franchise chain)은 가맹점이 본점에 종적으로 이어지는 연대 관계로 구성된 체인 형태이다. 프랜차이즈 체인은 본부(franchiser)의 인지도를 활용할 수 있으며, 판매 노하우, 각종 정보 및 경영지도와 지원을 받을 수 있는 이점이 있다. 그러나 본부가 상호 사용권, 간판 사용권 등을 갖고 있기 때문에 가맹 시 본부와 동일한 상호를 사용해야 한다. 그로 인해 상호 사용료를 고정적으로 지불하지만(일종의 홍보료를 지속적으로 투자하는 것이나 마찬가지임) 체인점을 그만두고 자신의 상호로 영업할 때는 그동안 상호에 투자한 것들을 회수할 수 없다.

그러므로 기존의 꽃집보다는 꽃집을 처음으로 시작하려는 사람이 단기간에 안정적인 매출을 높이고자 할 때 유리한 체인 형태이며, 부족하기 쉬운 인지도, 경영 노하우, 관리지식 등을 단기간에 보완할 수 있다.

② 볼런터리 체인

볼런터리 체인(voluntary chain)은 각각의 상호를 가진 꽃집이 특정 로고를 중심으로 연합체를 형성하여 상호 협력 하에 경영하는 방식의 횡적 연대의 체인이다. 일종의 소매점 연합체 같은 것인데, 대부분의 볼런터리 체인은 특정 업체 또는 꽃집이 주체가 되어 조직하고, 가맹점을 접수하고 있다. 이 볼런터리 체인은 가맹점 간에 통일감은 부족하지만 상호를 바꾸지 않아도 되는 장점이 있어 기존의 점포들이 통신배달의 확대에 의한 매출 증대를 꾀하고자 할 때 유리한 형태이다.

체인점의 현황과 운영체계

앞서 말한 꽃집 체인점의 두 가지 종류 중에서 프랜차이즈 체인은 극히 소수이다. 볼런터리 체인은 30여 개 정도이며 거의 대부분이 꽃의 통신배달 업무를 하고 있다. 그 운영체계는 다음과 같다.

① 꽃집 체인점 가맹점의 의무와 업무

꽃집 체인점은 본사에서 가맹점을 모집하는 것에서부터 시작된다. 체인 본사에서 가맹점을 모집하게 되면 가맹점들은 연회비를 내고 가맹하게 된다. 체인점에 따라서는 체인점에 가맹 후 시외 지역의 배달주문이 들어오면 체인 본사에 주문정보를 보내고 월말에 정산한다. 또 체인 본사에서 직접 주문 맡은 것이나 시외의 체인 가맹점에서 주문 맡은 시내배달 정보를 받으면, 상품을 제작하여 배달해야 한다.

② 체인점 본사의 가맹점 지원업무

예전에는 체인점 본사의 경우, 꽃배달만 전문적으로 수주하는 업무나 회원점 명부를 만들어 홍보하는 것 위주로 운영해왔다. 그러나 최근에는 본사 차원에서 꽃배달 주문을 수주하여 가맹점에 발주하는 업무, 가맹점들이 주문 맡은 시외 배달상품을 모은 후 해당 지역의 꽃집으로 분산하는 수발주 교류 업무, 수발주한 것에 대한 결제기능, 기술지원, 상품보급, 홍보기능, 독점상품 공급, 마케팅 활동 지원, 화훼자재 공동구매, 배달대행기능 등 다양한 기능을 가진다. 결과적으로 정보의 도매시장 기능을 하고 있다.

체인점 가맹과 활용

체인점 가맹조건과 방법

체인점에 가맹하려면 먼저 책자나 꽃집들의 여론, 해당 체인점의 사이트 방문, 네티즌의 반응 등을 통해 꽃집 관련 체인점에 관한 정보를 수집하고 분석해봐야 한다. 그 다음 가맹조건과 방법을 찾는 게 좋다. 가맹조건은 체인점에 따라 다르지만 꽃꽂이 경력, 꽃집 규모, 꽃 냉장고 유무, 컴퓨터에 의한 리본 글씨 프린트 여부 등과 체인 가맹비, 상호사용료 지불을 조건으로 하고 있다. 실제적으로는 연회비의 지불 여부가 가맹조건으로 되는 경우가 많다. 연회비는 체인점과 꽃집이 위치해 있는 지역에 따라 다르다.

체인점 가맹 방법은 프랜차이즈 체인의 경우 전국적으로 체인점을 갖고 있는 곳은 몇 개 되지 않고 게다가 이미 지역별로 가맹점들이 모집되어 있기 때문에 기존의 가맹점들이 탈퇴하지 않는 한 새로운 체인점으로 가맹하기는 어렵다. 그래도 꽃집을 개설하고자 하는 지역에 혹시라도 새로운 체인점을 모집하는지 여부를 확인하는 것이 좋다. 반면 볼런터리 체인점은 해마다 새롭게 모집하고 있다. 체인점 본사에 연락을 취하면 가맹 시기나 조건에 대한 정보를 알려주므로 이에 따르면 된다.

체인점 가맹 시 유의점

체인점 가맹 시에는 지명도 있는 특정 체인점을 찾기에 앞서 우선 프랜차이즈 체인과 볼런터리 체인 중 어떤 종류에 가맹할 것인가를 결정하는 게 순서일 것이다. 그 후 가맹하고자 하는 목적(통신배달, 경영 및 기술지도 등)을 달성하기 쉽고, 가맹조건이 좋은 곳을 선택하는 것이 바람직하다.

또한 영업이 잘되는 직영점이 있는 체인점을 선택하는 것이 좋다. 직영점이 있다는 것은 업계 사정에 밝고, 직영점에서 매출이 발생하여 주문받은 상품을 배달하기 위해 체인점을 개설하는 경우가 많기 때문이다. 직영점도 없이 가맹점을 끌어모으는 데 혈안이 된 업체는 고정 고객이나 매출이 없는 상태에서 사무실 임대료, 가맹점 모집 광고비 등 지출이 많아져서 결국 부실 체인점이 되기 쉽다.

또 새로운 상품개발이나 통신배달시스템 개발을 주 상품으로 하여 체인점을 모집하는 업체에 가맹할 때도 신중히 생각해야 한다. 이들 업체들은 새로운 품목이나 시스템에 대해서는 잘 알아도 업계의 세밀한 부분에 대한 지식이 적기 때문에 경영에 실패하기 쉽다. 실제로 체인점 모집만 해놓고 없어지거나 제대로 발주를 해주지 못하는 사례도 많이 있다.

체인점의 활용

꽃집 체인점의 가장 큰 특징은 통신배달에 중점을 두고 있다는 점에서 영업시장을 광역화할 수 있다는 것이다. 꽃집이 위치해 있는 지역뿐만 아니라 전국 각지의 소비자와 꽃집으로부터 주문을 받을 수 있으므로 지역적인 한계를 극복할 수 있고 매출 증대도 꾀할 수 있다. 이 점은 기존의 체인 가맹점들에서 쉽게 찾아볼 수 있다.

가령 어느 지방에 위치해 있는 꽃집의 경우 그 지방에서는 별로 수주를 맡지 못하고 있음에도 불구하고 다른 체인점 본사나 다른 지역의 꽃집에서 발주한 물량을 수주해서 늘 바쁜 경우도 있다. 즉 체인점에 가맹하여 본사를 통해 시외 지역의 주문을 받게 된 이점과 자신의 꽃집에 대한 정보가 전국적으로 더 많이 노출되어 소비자나 다른 지역의 꽃집들로부터 지역 내의 다른 점포보다 더 많이 선택받는 기회를 갖게 되었기 때문이다.

따라서 꽃집을 창업할 때는 전국적인 체인망을 갖추고 있는 꽃 통신배달 체인점에 가맹하고 이를 적극적으로 활용하면 개업 초기의 매출 향상에 큰 도움이 될 것이다.

 한편 체인점 본사에서는 가맹점들이 주문받은 시외 지역 배달상품을 모은 후 해당 지역의 꽃집으로 분산하는 수발주 교류업무를 하고 있으므로, 꽃집에서는 시외 지역 배달주문이 많으면 그만큼 시외에서 시내로 주문하는 배달상품 주문을 많이 맡을 수 있다. 그러므로 시내 주문 → 시내 배달이 시외 주문 → 시내 배달보다 많은 꽃집에서는 통신배달업체에 가맹함으로써 시외 주문 → 시내 배달의 매출을 쉽게 증가시킬 수 있다.

4
Chapter

꽃집의 유형과
위치 및 상호

01 꽃집의 유형

의의

꽃집은 상품내용, 판매방식, 규모, 위치 등 여러 가지 유형에 따라 구분할 수 있다. 각 유형에 따라서 창업 비용, 인테리어, 위치, 점포 형태 등이 다르고 그에 따라 판매품목, 매출액, 마케팅 방법도 달라진다. 따라서 창업 전에 꽃집의 유형에 대해 구체적으로 알아본 뒤 자신의 창업자금, 디자인력, 주거지, 목적 등의 상황에 맞는 유형을 선택하는 것이 시행착오를 줄이고 쉽게 성공하는 지름길이다.

취급품목에 따른 유형

꽃집에서 주로 취급하는 상품에 따라 구분한 것으로 일반 꽃집형, 전문점형, 종합원예점형으로 구분하는 것이 가능하다.

일반 꽃집형

일반 꽃집형은 흔히 볼 수 있는 형태의 꽃집으로 절화, 관엽식물, 동서양란, 소품 등을 골고루 갖춰놓고 판매하는 매장이다〈그림 4-1〉. 우리나라 꽃집의 85% 가량이 이러한 형태로 추정된다. 일반 꽃집형의 꽃집을 창업하고 운영하기 위해서는 절화, 관엽식물, 동서양란 등 각 품목에 대한 전문적인 지식과 이용기술이 필요하다. 특히 절화를 취급하는 만큼 플라워디자인에 대한 이론과 실기를 익혀두어야 한다.

그림 4-1
일반 꽃집은 다양한 품목을 갖춰놓고 있다.

전문점형

① 관엽식물 전문점

관엽식물 전문점의 경우 시내에 독립적으로 존재하는 곳은 거의 없다. 대부분 각 전문점이 모여 대형 꽃시장 형태를 이루고 있는 곳에 있다〈그림 4-2〉. 지방에서는 도매나 중간도매를 하는 형태로 존재한다. 관엽식물 전문점은 키가 크고 부피가 큰 관엽식물을 취급하는 만큼 비닐하우스나 유리온실처럼 높은 형태를 갖추고 다소 넓어야 한다. 운영자는 플라워디자인에 대한 기술

그림 4-2
관엽식물 전문점.

의 필요도가 높지 않은 반면에 관엽식물의 이름, 재배 관리, 이용기술, 유통에 대한 지식을 익혀두어야 한다.

② 난 전문점

난을 위주로 판매하는 꽃집으로 관엽식물 전문점과 같이 각 전문점이 모여 꽃시장 형태를 취하고 있는 곳에 존재한다〈그림 4-3〉. 또 난 농장을 경영하면 서 판매장이나 도매업 및 중간도매업을 하는 형태로 시 외곽 지대에서 운영 하는 곳이 더러 있다. 난 전문점을 운영하기 위해서는 난의 종류, 재배 관리, 유통 등 난에 대한 전반적인 지식이 필요하다.

③ 생화 전문점

생화 전문점은 주로 시내에 위치하고 소규모라는 점에서 일반 꽃집형과 비슷하지만 절화만 취급하는 꽃집이다. 절화만 취급하고 주로 임차료가 비 싼 지역에 위치하므로 점포 면적은 극히 좁은 편이다. 절화는 꽃다발 위주로 판매되는 가운데, 일부는 꽃바구니, 꽃박스 형태로도 판매되므로 운영을 위 해서는 반드시 꽃포장 기술을 익혀야 하며 상품의 제작 속도가 빨라야 한다.

④ 조화 및 드라이플라워 전문점

조화 및 드라이플라워 전문점은 시내나 외곽지대에도 존재하며 규모도 다 양한 편이다. 판매도 상품을 제작하여 진열해두고 하는 것과 공사 위주로 운 영하는 것 모두 가능하다. 미리 만들어두어도 시들거나 변형될 경우가 적으 므로 창업 초기에는 디자인력이 없어도 완성품을 구입하여 판매할 수도 있 다〈그림 4-4〉. 이후 점차 플라워디자인을 익혀 직접 상품을 제작하거나 공사 위주로 작업하는 것도 가능하다.

⑤ **기타**

분재, 분경, 야생화 전문점이 있으나 그 수가 많지 않다. 최근에는 1인 가구가 증가하면서 부재 시 물주기 등의 관리 필요성이 다른 화훼에 비해 상대적으로 낮은 선인장 판매가 증가하고 있다. 이에 따라 선인장 전문점도 증가하고 있는 추세이다〈그림 4-5〉.

그림 4-3
난 전문형의 꽃집.

그림 4-4
드라이플라워 전문점.

그림 4-5
선인장 전문점.

종합원예점형

일반 꽃집형이나 종합원예점형 모두 취급품목은 다양하다. 그러나 일반 꽃집형이 소매점에 해당된다면 종합원예점형은 대형할인점에 비유할 수 있다. 취급품목은 절화, 관엽식물, 난뿐만 아니라 원예용 자재, 조경용 자재, 묘목, 토양, 비료, 가정원예용품 등이 있다. 우리나라에서는 2000년대까지만 해도 많지 않았지만 최근에는 증가 추세에 있다.

판매방식에 따른 유형

직판 위주의 꽃집

상품을 진열해놓고 방문하여 구매하는 고객들에게 현장에서 판매하는 방식이다. 품목은 꽃다발, 꽃바구니와 같은 선물용이나 관엽식물 소품, 허브 등 가정원예용 상품이 주를 이룬다. 대학가 앞이나 시내 번화가에서 꽃다발이나 꽃바구니 위주로 판매하는 생화 전문점, 노점에서 절화나 분식물을 판매하는 형태, 분재 전문점이나 야생화 전문점, 아파트 주변에서 관엽식물 소품 등을 판매하는 경우가 이에 해당된다. 직판 위주의 꽃집은 위치와 상품에 영향을 많이 받는다.

통신판매 전문점

카탈로그나 전단지 등에 상품을 게재한 후 통신주문에 의해 주문을 받아 상품을 제작해 배달하거나 다른 꽃집에 위탁하고 수수료를 수입원으로 하는 형태이다. 이들 전문점들은 단순히 배달만 해주는 경우와 꽃 전달 자체를 이벤트로 기획하여 전해주는 경우도 있다.

복합형 꽃집

일반 꽃집에서 흔히 볼 수 있는 판매방식으로 방문객을 대상으로 대면판매도 하고, 배달 서비스와 통신판매도 하는 형태이다.

대행 위주의 꽃집

꽃집이나 관련 업체에서 위탁한 상품 위주로 제작하고 배달하는 형태이다. 주로 화환, 웨딩부케 등을 취급한다. 고객은 일반 소비자보다는 꽃집, 예식장, 웨딩드레스실, 미용실 등 개인이 아닌 업체가 대부분이므로 위치에 구애받지 않고 할 수 있다.

온라인 꽃집

온라인공간에 표준화된 제품을 전시해놓고 판매하는 형태이다. 고객이 주문하면 받는 고객 근처의 꽃집에 상품의 제작과 배달을 위탁하고 일정액의 수수료를 수입원으로 하는 체계를 많이 취하고 있지만, 최근에는 기존 꽃집에서도 온라인공간에 꽃집을 개설하여 영업하는 사례가 증가하고 있다.

경영방식과 소비 유형에 따른 구분

경영방식에 따른 유형

경영방식에 따라서는 꽃집의 주인이 직접 경영하는 직영점, 체인 가맹점으로 체인 본사의 경영방식에 따라 운영하는 체인점이 있는데, 우리나라 꽃집은 대부분 직영점이다. 물론 체인점들이 있으나 외국처럼 본사에서 꽃을 구입하고 본사의 경영방식에 의해 경영하는 것은 아니고, 통신배달상품의 수발주를 협력하는 형태를 취하고 있기 때문에 엄밀한 의미에서 체인점보다는 직영점에 속한다.

꽃 소비 유형과 꽃집 유형

꽃집의 유형은 국가마다 차이가 있다. 우리나라의 꽃집은 대체적으로 소규모의 소매점 형태를 갖춰놓고 업무용 품목 위주로 영업하고 있으며, 판매는 방문 구매객을 대상으로 한 대면판매와 통신판매를 겸하고 있는데 통신판매 비중이 높은 편이다.

미국, 일본 및 유럽에서는 다양한 꽃 전문점의 존재와 함께 종합원예점 형태의 꽃 슈퍼마켓이나 가든센터, 플라워센터, 가정원예용품점 등 대형점이 증가하고 있다. 이들 나라에서 이렇게 꽃이나 꽃과 관련된 대형매장이 존재하며 발전하고 있는 것은 우리나라와 달리 가정원예 규모가 크기 때문이다. 즉 꽃 소비문화와 유형에 따라 꽃집의 형태도 다르게 발전하고 있으므로 꽃집 유형을 결정할 때는 꽃 소비 유형도 감안하는 것이 좋다.

한편 최근에는 꽃집 외에 생활용품을 판매하는 마트나 할인점 등에서도 꽃을 갖춰놓고 판매하는 곳들이 증가하고 있다.

02 꽃집의 상호

상호의 중요성

의의

꽃집을 창업하기 위해 점포를 만들게 되면, 행정 업무 처리는 물론 점포를 홍보하고 다른 점포와 구별될 수 있도록 상호를 붙이게 된다. 이때 붙인 상호는 점포가 존속하는 동안 계속해서 사용되는 경우가 많고, 점포의 이미지나 매출에 영향을 미친다. 하지만 중요도를 생각하지 않고 경영 측면에서의 검토 없이 경영주의 취향에 따라 가볍게 생각하고 짓는 경우가 많다. 하지만 한 번 붙여놓은 상호는 쉽게 바꾸기 어렵고 변경 시 비용도 많이 발생하므로 처음부터 충분한 검토를 한 후 결정하는 것이 바람직하다.

상호와 이미지 및 판매량

꽃집의 상호는 단순히 점포를 나타내는 이름 이상의 의미를 지니고 있다. 고객이 방문하여 구매하는 상품의 경우 점포의 규모, 인테리어, 디스플레이, 상품구색, 서비스 등 여러 가지 측면을 고려하여 상품을 구입하는 비중이 높지만 꽃은 현재까지도 통신 구매비율이 높은 품목이다. 통신 구매비율이 높음에 따라 만일 단골 점포가 없는 경우에는 여러 꽃집 중 한 번이라도 상호를 들어봤거나 방문했던 곳, 상호 이미지가 좋은 곳 등으로 꽃집을 선택하는 비율이 높다.

상호의 적당한 글자 수 및 구성

상호의 적당한 글자 수

상호의 글자 수(음절 수)는 상호에 대한 소비자들의 기억력에 영향을 미친다. 상호의 글자 수가 너무 많으면 기억하기 어렵고 반대로 너무 짧으면 개성이 없어진다. 저자들의 연구 결과에 의하면 꽃집 상호의 적당한 글자 수에 대한 설문조사에서 5자가 적당하다는 응답이 30%, 4자는 20%, 6자는 15%, 3자는 14%로 3자에서 6자 사이가 79%를 차지하였다. 또 기억하기 쉽다고 생각하는 글자 수에 대해서는 5자가 적당하다는 응답이 28%, 4자는 22%, 3자는 17%, 6자는 15%로 3자에서 6자 사이의 비율이 82%를 차지하였다는 보고가 있다. 따라서 꽃집 상호를 지을 때는 이를 감안하는 것이 좋을 것이다.

상호의 접두어

상호는 접두어와 접미어 유형에 따라서 이미지가 달라지고 기억하기 쉽게, 혹은 어렵게 만들기도 한다. 보통 꽃집 상호의 접두어 유형에 대해서 친근감, 전문품목 취급, 쉽게 기억되고 이용하고 싶은 꽃집은 형용사를 사용할 때가, 상품에 대한 믿음 측면에서는 사람 이름을 사용할 때가, 세련된 느낌이 드는 꽃집은 영어 이름을 사용할 때가 좋다는 보고가 있다.

상호의 접미어

꽃집 상호의 접미어는 ○○꽃집, ○○꽃방, ○○화원 등을 쉽게 접할 수 있다. 종류가 많은 만큼 그에 대한 이미지도 다양하므로 상호를 지을 때는 이런 점도 고려하는 것이 좋다. 보통 친근감, 쉽게 기억되는 상호, 상품에 대한 믿음 측면에서는 꽃집이, 종합적인 품목의 취급 측면에서는 꽃백화점이, 규모 측면에서는 꽃도매센터가, 세련된 이미지를 내고자 할 때는 플라워숍을 사용할 때가 좋다는 보고가 있다.

상호를 지을 때 유의점

이름을 잘 지으면 반은 성공이라 해서 최근 들어 특색 있는 이름으로 눈길을 사로잡는 점포들이 늘고 있다. 대기업의 이름이나 신제품 상표만이 아니라 조그만 점포 하나 차리는 데도 이름을 중시하는 추세가 확산되고 있다. 상호나 이름을 잘 붙이면 소비자들의 호기심을 자극하는 데다 기억에 오래 남아 좋은 반응을 얻기 때문이다.

상호는 홍보 전략에서 가장 중요한 요소로 상호에 따라서 점포의 이미지나 광고 효과 및 고객이 느끼는 감정이 다르게 된다. 그러므로 상호를 지을 때는 주 고객층으로 겨냥하는 소비자들의 의식에 맞고 점포의 유형 및 꽃집의 성격을 반영할 수 있으면서도 고객에게 친근감과 신뢰감을 줄 수 있어야 한다. 또 통신주문과 배달 비율이 많다는 점을 고려하여 무엇인가 색다르고 호감 가며 기억에도 오래 남을 수 있는 상호로 고객들에게 어필해야 한다.

상호의 홍보와 이미지 관리 및 보호

상호의 홍보와 이미지 관리

꽃집 상호의 인지도와 좋은 이미지는 신용과 연결된다. 소비자들이 상호를 안다는 것은 곧 상호를 신뢰한다는 뜻이고, 신뢰는 곧 매출로 연결된다. 일반적으로 소비자들은 꼼꼼하게 따져본 후 상품을 구입하며 대부분 거래처가 있을 것이라고 생각하기 쉽다. 그러나 의외로 구매 패턴이 단순한 경우가 많아 단지 상호가 친숙하다는 이유만으로 전화를 걸어 꽃을 구매하는 예도 많다.

실제로 꽃을 구입하는 소비자들에게 많은 꽃집 중 왜 이 꽃집에서 꽃을 구입하는가라고 물어보면 상호가 친숙해서라거나 정보지에서 보았기 때문이라고 대답하는 사람이 많았다. 그러므로 상호를 지은 다음에는 적극적으로 홍보하고 이미지를 관리하여 고객들의 무의식 속에 상호가 자리 잡도록 해야 한다. 사람들의 구매 결정은 무의식적으로 이루어지는 경우가 많기 때문에 상호를 들어보았기 때문에 꽃을 사는 것은 전혀 이상한 일이 아니다. 누구든지 같은 품목이라면 한 번이라도 이름을 들어본 회사의 제품에 손이 가기 마련인 것이다.

상호의 보호

꽃집 상호를 오랜 고심 끝에 좋게 지어놓았는데 다른 점포에서 사용하는 경우가 있다. 창업하여 열심히 노력한 끝에 점포가 잘 되고 상호의 인지도가 어느 정도 높아졌을 때 다른 사람들이 동일한 상호를 쓸 수도 있다. 그때 다른 사람은 별다른 노력 없이도 단지 상호의 인지도 덕분에 매출 확대를 꾀할 수도 있다.

만약에 그런 꽃집이 등장하게 되면 정신적인 피해는 물론이거니와 꽃집의 이미지나 매출에도 상당한 타격을 받게 된다. 따라서 사전에 특허청에 상표나 서비스표 등록을 하여 법적 보호 장치를 마련해두는 것이 안전하다.

03 꽃집의 위치

의의

꽃집에서 상품(product), 가격(price), 판매촉진(promotion), 장소(place)는 마케팅의 기본이다. 이 중 장소는 꽃 소비환경에 관한 것으로 소비량이 많은 곳에 위치하면 그만큼 판매가 쉽고, 소비량이 적은 곳에 위치해 있으면 그만큼 판매가 적어진다. 소비품목의 다소나 선호환경도 장소에 따라 다르기 때문에 방문 고객 위주로 영업을 하는 꽃집에서는 위치가 절대적인 영향을 미친다.

그러나 꽃은 통신주문과 배달 비율이 높음에 따라 판매방식이나 마케팅 전략에 따라서는 꽃 소비환경이 좋지 않은 곳에서도 성공적으로 경영할 수 있다. 그러므로 꽃집의 위치에 따른 소비환경을 이해하는 것과 함께 꽃집의 유형과 위치에 대한 관계에 대해서도 이해해야 한다.

꽃집의 위치와 소비환경

지방 및 소도시

지방은 도시보다 땅을 쉽게 구입할 수 있어 토지 면에서는 여유가 있다. 비닐하우스 형태로도 가능하고 가건물도 가능한 곳이 많다. 그러나 지방에서 점포를 낼 때 가장 문제가 되는 것은 도시에 비해 소비자가 적고 위치보다 지연, 학연, 혈연이 꽃 구매에 많은 영향을 미친다는 점이다.

중 · 대도시

도시는 단위 면적당 인구수가 지방에 비해 많고 꽃 소비량도 많은 편이지만, 위치에 따라 꽃집의 매출이나 품목별 판매량에 극명한 차이가 난다. 특히 유동인구가 많은 시내 중심 지역에서는 불과 몇 미터를 사이에 두고도 매출량에 큰 차이가 나므로 위치 분석과 결정을 신중히 해야 한다. 시 외곽지대의 경우 걸어서 움직이는 인구는 적지만 차량의 이동이 많고, 주차가 편리하므로 광고만 효율적으로 하면 인지도를 높일 수 있고, 고객을 유인할 수 있다. 또 도시에 위치한 꽃집은 소비자의 의식이 높으므로 꽃에 대한 지식과 이용기술이 좋을수록 인정받을 수 있다.

꽃집 유형과 입지

판매품목과 입지

꽃집에서 판매품목과 입지는 밀접한 관련이 있다. 꽃도 서울에 있는 꽃집에서 잘 팔리는 상품과 지방에 있는 꽃집에서 잘 팔리는 상품 간에 차이가 있다. 똑같은 꽃바구니나 화환이라도 서울과 지방에서 선호하는 모양이 다르다. 같은 지역에서도 꽃집의 위치에 따라 잘 팔리는 품목에 차이가 있다.

가령 산부인과 앞에 위치한 꽃집은 꽃바구니의 판매비율이 가장 높고, 장례식장 앞의 꽃집은 장례용 꽃의 판매비율이 가장 높다. 유동인구가 많은 시내 번화가에서도 상가가 많은 곳에서는 꽃다발 판매비율이 가장 높은 반면 시내 번화가라도 사무실이 많은 곳은 난이나 관엽식물, 꽃바구니 등의 통신배달 판매비율이 높다. 그러므로 판매하고자 하는 주 품목을 먼저 설정했다면 그에 따른 입지를 선정해야 하고, 입지를 먼저 선정했다면 그 입지와 궁합이 맞는 품목을 개발해야 한다.

꽃집 규모와 입지

꽃집 규모는 입지의 영향을 많이 받는다. 일반적으로 일정액의 돈으로 상권이 좋은 곳에 꽃집을 개업한다면 땅값이나 임차료가 비싸기 때문에 소규모로 할 수밖에 없다. 반면에 지방이나 시 외곽 지대는 땅값이나 임차료가 싸기 때문에 상대적으로 넓은 규모의 꽃집을 할 수 있다.

판매방식과 입지

꽃을 판매하는 방식은 여러 가지가 있으나 편의상 점포를 개업하여 매장에서 판매하는 방식, 통신상으로 판매하는 통신판매와 온라인상에서 판매하는 온라인 판매 방식으로 나눌 수 있다.

① 매장판매

꽃을 매장에서 판매할 때는 지방이나 도시 및 취급품목에 따라 다소 차이가 있기는 하지만 어느 경우이든 입지의 영향을 크게 받는다. 따라서 매장판매 비중이 높을수록 입지는 중요하다. 매장판매를 하면서 통신판매 비율을 높이면 입지의 영향력을 줄일 수 있다. 그러므로 매장을 두고 판매할 때는 고객층, 품목, 통신판매 비율 등과 함께 수익성 측면을 고려하여 입지를 분석하고 활용하는 것이 좋다.

② 통신판매 및 온라인 판매

통신판매나 온라인 판매에서는 고객이 꽃집을 직접 방문하지 않아도 되기 때문에 입지의 영향을 비교적 적게 받는 편이다. 그러나 일부 고객들 가운데는 통신주문이나 온라인 구매를 하더라도 꽃 주문을 받는 업체가 직접 꽃집을 운영하고 있는지, 어떤 상품을 갖추고 있는지 알고 싶어 하는 사람들이 있다. 또 어느 곳에 위치해 있는가를 파악하여 자신이 거주하고 있는 지역이나 꽃을 받을 사람이 거주하고 있는 지역과 다른 지역에 있는 업체에 대해서는 거부감을 가지는 것이 현실이다. 그러므로 통신판매 및 온라인 판매에 높은 비중을 두고 있는 곳이나 전문점도 입지의 영향을 받지 않는 것은 아니다.

고객층과 입지

꽃을 구매하는 고객들은 입지에 따라 유형이 다르다. 가령 대학가 앞에는 대학생 고객이 많으며, 사무실이 밀집한 곳에는 회사원인 고객이 많다. 아파트나 주택 밀집 지역에는 주부 고객이 많으며, 유동인구가 많은 시내 번화가에는 주로 젊은 층이 많다. 이들 고객은 그 유형에 따라 구매목적이나 구매품목에 차이가 있으므로 겨냥하는 고객층에 따라 입지를 달리해야 한다.

입지 분석과 선정

입지 탐색과 분석

꽃집을 개업하기 위한 입지 탐색에는 예산, 판매품목, 판매방식, 주 고객층을 정해놓고 그에 맞는 입지를 탐색하는 방법과 입지를 개략적으로 정해놓고 그 지역 내에서 좋은 입지를 탐색하는 경우가 있는데, 어느 경우이든 다음에 나오는 요인을 경합성, 잠재성, 장래성으로 나눠서 분석한 후 결정하는 게 좋다.

① 입지의 특성 측면

입지의 일반적 특성 측면에서는 점포의 위치, 교통상태, 지역특성(학교나 사무지역과의 거리 등), 경합이 예상되는 꽃집, 대형점의 유무를 조사한다. 특히 경합이 예상되는 꽃집을 구체적으로 조사하면 그곳의 수요나 발전 가능성, 그리고 다른 꽃집과의 경쟁력 등을 파악할 수 있으므로 가능한 자세히 조사하고 분석하는 게 좋다.

② 상업권 측면

꽃집을 개업하고자 하는 지역의 상업권 내외 인구와 세대수(약 2km 이내와 그 외로 나눈다), 세대의 구성, 연령별 인구, 주택상황(개인주택, 아파트, 맨션), 고층건물의 밀집도 등을 조사하고 분석한다.

③ 환경 측면

환경적인 측면에서는 주력 구매 고객층과 그 가격대, 상점가 환경 및 주위 환경, 시간별 동향 등을 분석한다.

위치 선정 시 유의점

꽃집의 위치는 소비환경뿐만 아니라 임차료, 장래성 등 다양한 요인을 검토한 후에 선정하는 것이 좋다. 다음은 위치 선정 시 유의할 점이다.

① 매출이 많은 위치라고 해서 수익성이 높은 곳은 아니다.

보통 매출량이 많은 입지 조건으로는 번화가로 통행량이 많은 곳, 인구밀도가 높은 곳, 상가지역 등을 들고 있는데, 이것이 꽃집에도 그대로 적용된다고 볼 수는 없다. 꽃집은 평당 수익률이 그렇게 높은 업종은 아니어서 이런 곳에 개업하면 매출량은 많더라도 임대료 부담률이 높아 오히려 수익성은 낮아질 수 있다.

② 지방에서는 위치의 중요성이 도시보다 떨어진다.

지방에서는 꽃집의 위치를 탐색할 때 도시계획에 대해 알아본 후 위치를 선정하되, 관공서나 새로 생긴 거리, 학교 주변을 우선으로 해야 한다. 그렇지만 도시만큼 위치가 매출에 영향을 미치지 않으므로 점포 탐색에 시간을 보내기보다는 상품을 어떻게 판매할 것인가에 비중을 두는 것이 좋다.

③ 창업 초기에는 부도심 지역에서 노하우를 쌓는다.

창업 초기에는 경험이 부족하므로 도심지 유망상권에 과도하게 투자해 경쟁하기보다는 부도심에서 노하우를 익히되, 초기 투자 자본을 줄이면서 안정적인 매출을 올릴 수 있도록 한다.

④ 꽃집으로 실패한 장소에 창업하는 것은 피한다.

어떤 장사든 장사가 잘되는 장소와 안 되는 장소가 있다. 장사가 잘되고 안 되는 이유는 경영주의 능력에 의해 좌우되기도 하지만 장소의 영향도 크다. 그러므로 다른 사람이 꽃집으로 실패한 곳은 실패 요인을 정확히 분석한 후 특별한 노하우로 헤쳐나갈 수 있다는 자신감이 있을 때만 창업한다. 그렇지 않으면 실패로 끝나기 쉽다.

⑤ 점포 계약 전에 시간을 두고 꼼꼼히 체크한다.

점포 계약 전 적어도 하루에 4회 이상 대상 지역을 조사하고 15일 이상 점검 후 결정하는 것이 좋다. 각 지역마다 영업이 되는 중심 시간이 다르다. 특히 꽃집은 요일마다 매출의 기복이 심하므로 많은 자료가 있을수록 실수를 최소화하면서 결정할 수 있다.

5
Chapter

꽃집의 시설과
연출

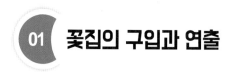 01 꽃집의 구입과 연출

점포의 탐색과 구입

의의

꽃집을 하기 위해 점포를 빌리거나 지을 때는 생산성을 고려해야 한다. 임대료, 매출 가능성, 판매방식 등을 위치별 특성과 연계해 분석하지 않고 단지 점포가 마음에 든다고 해서 계약부터 한 다음 개업한다면 자칫 수익성이 낮고 인테리어 비용만 손실을 입을 수 있다. 그러므로 위치별 특성의 이해와 예산을 감안한 다음, 업무 특성에 맞는 건물을 구입하거나 짓는 게 좋다.

점포는 효율적인 판매공간으로 조성함과 동시에 많은 사람이 지나다니고 이용하는 홍보장소이기도 하므로 들어가고 싶은 마음이 들도록 연출해야 한다. 그러면서 꽃집의 위치나 매출액, 자본 역시 고려해야 한다.

꽃집 업무와 주변 환경에 대한 이해와 함께 수업이나 연수를 통해 자신감이 생기면 본격적으로 개업 준비를 하게 되는데, 그 첫걸음이 바로 점포 탐색이다. 점포 탐색은 점포의 위치별 특성 파악을 기초로 한 다음 기존 건물을 구입하거나 빌려 이용하는 방법, 대지를 구입하거나 빌려 짓는 방법, 건물과 건물 사이의 틈새공간을 이용하거나 노점 등을 이용한 간이공간을 활용하는 방법이 있다.

기존 건물을 이용하는 경우

꽃집에서 절화상품은 그 자체는 부피가 작지만 꽃다발, 꽃바구니, 화환 등으로 이용될 때는 그에 따른 포장지, 바구니, 화환 받침대 등 관련 자재를 갖춰둬야 한다. 화환같이 부피가 큰 상품을 제작할 때는 별도의 공간이 필요하다. 관엽식물이나 화목류는 진열해두고 판매하는데, 이들 식물 중에는 키가 큰 것들이 많다.

이러한 점들을 고려한다면 점포는 천장이 높은 건물이 좋다. 천장이 높으면 자재들을 효율적으로 관리할 수 있으며 식물의 진열이나 관리에도 좋다〈그림 5-1〉. 또한 건물이나 주변에 빈 공간이 있으면 상품을 진열하여 활용할 수 있고 화환받침대 등의 자재들을 보관 관리하기 편하다.

그림 5-1
꽃집은 기존 상가 건물을 이용하더라도 천장이 높은 곳이 좋다.

건물을 짓는 경우

꽃집 전용 건물, 비닐하우스나 가건물을 짓는 경우, ① 일반 건물보다 높게 할 것, ② 광이 충분히 들어오되 여름에는 차광 관리가 가능하게 할 것, ③ 여름에 바람이 충분히 통하게 할 것, ④ 겨울에는 외풍을 막고 난방에 유리하게 할 것, ⑤ 물은 충분히 공급되고 배수가 잘되게 할 것 등을 우선적으로 고려해야 한다.

한편 꽃집 전용 건물은 지방의 경우 일반적으로 비닐하우스형이나 조립식 패널을 이용해 짓는 경우가 많다. 비닐하우스형은 바닥 처리와 외관 문제가 많이 발생했고〈그림 5-2〉, 조립식 패널로 지은 매장은 높이가 낮고 광량이 부족한 경우가 많았다. 따라서 비닐하우스형 매장의 바닥은 콘크리트로 한 다음 바닥처리용 페인트를 칠하거나 자갈을 깔고, 외관은 간판을 이용하거나 새시를 이용해 개선할 필요가 있다. 패널로 지을 경우는 높게 짓고 빛이 들어올 수 있는 선라이트로 지붕을 하면 외관도 예쁘고 비닐하우스형처럼 광 관리도 쉽다〈그림 5-3〉.

간이공간의 활용

대도시의 중심상가, 대학가 앞 등은 매장 임차료가 비싼 반면 꽃은 생화 위주로 판매되기 때문에 넓은 공간은 생산성이 맞지 않는 경우가 많다. 그렇다고 5~15m² 규모의 매장을 구하기도 힘들다. 이런 경우 거리를 탐색해보면

그림 5-2
비닐하우스형의 꽃집은 넓게 사용할 수 있지만 외관이 아름답지 않은 문제가 있다.

그림 5-3
꽃집 용도로 가건물을 세울 때는 천장이 높고 빛이 잘 들어오게 해야 좋다.

그림 5-4
건물과 건물 사이의 공간을 꽃 판매공간으로 활용하고 있는 대학가의 꽃집.

건물과 건물 사이, 건물 옆의 유휴공간 등을 발견할 수 있는데, 이를 활용해 박스형 매장을 만들 수도 있다〈그림 5-4〉.

실내공간의 연출

꽃집의 실내공간은 상품이 진열되고 생육하는 공간, 작업공간, 접객공간 등 다양한 기능을 갖고 있으므로 이를 고려하여 연출하는 것이 좋다.

동선

동선을 계획할 때는 ① 상품을 어디에, 어느 정도, 어떻게 디스플레이를 할까? ② 손님이 보기 좋고 사기 쉬운 동선은 어떻게 만들까? ③ 직원이 움직이기 쉽게 하려면 어떻게 할 것인가? ④ 점포 안에 필요 없는 공간, 또는 죽은 공간은 없는가? ⑤ 손님에게 심리적으로 안정을 주는 공간은 만들어져 있는가? 등을 고려하는 것이 좋다.

꽃집에서 동선은 공간분할이라고도 할 수 있으며 고객동선, 직원동선, 상품동선으로 구분할 수 있다. 고객동선은 소비자가 점포에서 상품이나 직원과 접촉하는 동선으로 매출에 큰 영향을 미치므로 매출을 높이기 위해서는 가능한 동선을 길게 하고 직선과 동선을 조합하여 소비자가 점포 안의 상품을 충분히 볼 수 있도록 한다.

직원동선은 접객동선, 작업동선, 생활동선으로 나뉘는데, 생활동선은 안쪽으로 하는 것이 좋고, 접객동선과 작업동선은 앞쪽으로 해야 한다. 작업하는 모습이나 접객 현장을 보여주면 출입문 근처에서 망설이는 손님들을 유인하기 좋고, 점포가 활기차 보이기 때문이다. 그러나 통신배달 비중이 높고, 차분하게 접객해야 하는 고객층이 많을 때는 안쪽에 접객공간을 별도로 마련해서 접객이나 상담에 방해가 되지 않도록 한다. 상품동선은 상품을 들이고 내는 데 필요한 동선을 말한다.

한편 대형 유리온실 내에 여러 품목을 놓고 판매하거나 여러 개의 꽃집이 입주해 있을 경우, 특정품목을 구분지어 판매할 경우에는 동선을 별도로 구분하여 강조하는 것도 좋다〈그림 5-5〉.

전기시설과 조명

꽃집의 인테리어 요소에서 가장 중요한 것 중 하나는 조명 계획으로, 식물의 생육과 상품의 외관 측면에서 중요하다. 대부분의 꽃집에서는 형광등 몇 개를 천장에 설치하고 끝내버리는 경우가 많다. 그 때문에 꽃이나 식물들이 점포에 진열되는 순간 생기를 잃고 마는 경우가 많고, 고객이 상품을 선택하거나 혹은 작업을 할 때 꽃 색깔이나 포장지 색깔을 제대로 구별하지 못하는 경우도 있다. 이는 밝은 조명으로 시선을 끌고 있는 미용실과 크게 비교되는 점들이다. 그러므로 생각보다 2배 정도 많은 조명기구를 사용하여 밝게 한

그림 5-5
유리온실 내에 체험장을 구획해 놓은 꽃집.

다. 조명은 형광등만 하지 말고 몇 개의 형태를 두어 전부 또는 일부만 켤 수 있도록 해두고 판매가 많은 시간대에 조명 효과를 낼 수 있도록 염두에 둔다. 부분적으로 스포트라이트를 비추고 입구나 통로, 진열장에는 포인트 조명과 함께 간접 조명을 능숙히 사용하는 것도 효과적이다.

한편 기존의 점포들은 전반적으로 상품을 진열해놓은 곳의 조명이 약한데 창이나 진열창에 형광등을 세로로 달아 켜두기만 해도 창가가 밝아 보이며, 밖에서 볼 때 꽃이 화려하게 보이는 효과를 얻을 수 있다.

수도와 배수시설

꽃집에서는 생각보다 많은 물을 필요로 한다. 청결한 운영, 생화와 분식물 관리 등을 위해 물을 사용해야 할 일이 많으므로 수도꼭지는 물을 주기 위한 것과 생화 작업용, 생활공간용으로 구분되어 있는 것이 좋고 배수구 또한 충분히 확보해두어야 한다.

천장과 벽

천장은 빛이 들어오도록 하는 것이 좋다〈그림 5-6〉. 꽃집 면적이 좁을 때는

그림 5-6
꽃집의 천장은 빛이 들어오도록 하는 것이 좋다.

천장에 포장재, 기타 재료를 올려놓을 수 있도록 해놓는 것도 방법이다. 작업대 위쪽에는 철망 같은 것을 설치해두고 리본이나 바구니 등을 걸어두면 작업할 때 편하게 쓸 수 있을 뿐만 아니라 공간도 효율적으로 활용할 수 있다. 벽은 상품의 견본사진을 붙이거나 벽걸이 식물 등을 걸 수 있도록 한다.

바닥

비닐하우스 형태나 조립식 건물이라면 바닥처리도 직접 해야 한다. 자갈을 깔아도 좋지만, 가능하면 청결 차원에서 콘크리트로 한 다음 바닥용 페인트나 에폭시페인트를 칠하면 좋다〈그림 5-7〉.

그림 5-7
꽃집은 예쁜 꽃을 취급하는 곳이므로 바닥도 청결하게 유지한다.

그림 5-8
꽃집 입구는 들어가는 데 거부감이 적도록 여유공간을 두고, 밝은 이미지가 들게 한다.

110

입구

꽃집 입구는 밝게 하여 들어가고 싶은 이미지가 들도록 하는 것이 좋다〈그림 5-8〉.

집기, 레이아웃

① 카운터

카운터는 손님과 만나는 곳도 되므로 동선에 무리가 없도록 하고 전화기, 팩스기 등의 사무기기나 포장지, 리본 등 자재와의 조합을 생각하는 것이 좋다. 단, 비품류, 자재류가 카운터를 포함한 코너에 잡다하게 올려져 있다면 애써 만든 분위기도 헛되이 되므로 충분히 신경 써야 하겠다.

② 작업대

작업대는 작업을 하기 쉽도록 하는 것이 중요하지만 손님에게 보이는 면도 생각해야 한다. 소재는 물에 강하고 쉽게 상처 나지 않는 것으로 해야 한다. 작업대야말로 내장 관계(작업대, 계산대, 진열대, 벽면, 간판, 쇼케이스)의 중심이다. 때문에 작업대는 신중히 선택한다. 높이는 90~120cm 정도로 이동 가능한 형태가 좋고, 작업의 효율성을 높이려면 계산대, 포장용품을 같이 있도록 하는 것이 좋다.

③ 생화 냉장고

각 브랜드마다 차이는 있지만 가능하면 점포의 이미지에 맞는 컬러를 선택하는 것이 좋다. 생화 냉장고를 손님의 동선과 가까운 곳에 둔다면 모서리는 곡선이 되도록 처리한다. 생화 냉장고는 고가인 만큼 충분한 사전 검토가 필요하다.

④ 기타

접객테이블과 의자, 조화상품, 와인, 꽃상자, 꽃병, 화분 진열장 등 꽃과 함께 판매하거나 보조 상품을 진열할 수 있는 진열장에 대한 대책도 마련해야 한다.

실외공간의 연출

건물

건물 자체의 모양이나 벽면을 벽걸이 식물이나 조화 등을 이용해 개성 있게 장식하면 고객들에게 꽃집으로서 인식을 강하고도 쉽게 심어줄 수 있다. 건물은 그 자체뿐만 아니라 건축물, 간판, 텐트, 집의 정면, 입구, 쇼윈도 등 전체 이미지를 중요하게 생각했으면 한다.

점포의 앞쪽

점포 앞쪽은 그 자체를 간판이라 생각하고 꾸며야 한다. 최근 다양한 업종에서 점포 앞의 이미지, 간판 이미지 등을 좋게 하려는 움직임이 활발하게 진행되고 있다. 꽃집 역시 손님들이 호감을 가지고 점포를 한눈에 이해할 수 있도록 꾸미는 것이 좋다.

간판

간판은 점포의 얼굴이나 마찬가지이므로 점포에서 판매하는 상품의 특성을 최대한 반영하여 고객에게 어필할 수 있도록 제작하는 것이 좋다. 특히 꽃집으로서의 이미지를 심어주고 개성 있게 연출할 수 있는 디자인으로 한다. 간판의 종류에는 네온사인, 파나플렉스, 고무스카시, 아크릴, 알루미늄&고무간판 등이 있다. 네온사인은 화려하고 눈에 잘 띄어 꽃집의 위치와 이미지를 알리기에는 좋지만 고장이 잦은 것이 단점이다. 파나플렉스는 투광이 좋고 깔끔한 이미지로 간판 중에서도 광고 효과가 제일 큰 장점이 있다. 앞면은 알루미늄, 뒷면은 고무인 알루미늄&고무간판은 단가가 낮고, 한 번 설치하면 영구적이다. 아크릴 간판은 단가는 낮으나 쉽게 탈색되어 좋지 않다.

텐트

재질과 컬러에 충분히 주의하고 오염이 잘 안 되는 것을 사용하는 것이 좋다〈그림 5-9〉. 녹이 슬기 쉬운 부분은 보이지 않도록 제작한다. 텐트의 일부분은 부분적으로 바꿀 수 있도록 디자인하여 정기적으로 이미지를 바꾸는 것도 좋다.

그림 5-9
꽃집의 텐트는 재질, 컬러에 신경 쓰고 오염이 잘 안 되는 것을 사용한다.

점포를 연출할 때 유의할 점

꽃집을 견학하고 상담한 뒤에 연출한다

꽃집을 창업할 때 나름대로 궁리하고 그 생각대로 연출하는 경우가 있는데, 그렇게 하면 시행착오를 겪기 쉽다. 시행착오를 줄이기 위해서는 꽃집의 규모나 취급상품 등이 유사하면서도 연출이 잘된 꽃집을 방문하여 참조하는 동시에 경영주로부터 장단점 등을 상담한 뒤 장점을 살리는 쪽으로 연출해야 한다.

개조할 것을 감안한다

점포 개업 후 1년 정도 지나면 개업 전에는 생각하지도 못했던 문제점들이 종종 발생한다. 그러므로 처음부터 점포 연출에 큰 비용을 들이기보다는 개업 후에 어느 정도 지나 개조할 것을 감안하여 연출하는 것이 좋다.

지방에서는 지방의 문화에 맞게 연출한다

지방에서는 도시에 있는 것과 같이 점포를 고급스럽게 만들면 생산성 측면에서 맞지 않는 경우가 많다. 지방에서는 지방 나름대로의 소비문화가 있으므로 점포도 그에 맞게 연출하는 게 좋다.

창업 초기에는 규모가 지나치게 크지 않게 한다

꽃집 창업 초기에 인테리어 비용을 많이 들인다고 해서 매출이 증가하는 것은 아니다. 경험도 없는 경영주들이 체면이나 남의 눈을 의식해서 지나치게 큰 규모로 오픈하는 것은 위험천만한 일이다. 처음에는 적게 투자하고, 노하우를 익힌 후 크게 키워 운영하는 것이 좋다.

 시설물과 도구

의의

　꽃집에서는 업무에 따라 다양한 시설물과 기구 및 사무기기가 필요하다. 시설물과 기구의 종류는 꽃집의 유형에 따라 그 필요도가 다르며 가격도 다양하다. 시설물과 기구는 소모품이 아니기 때문에 한번 갖춰놓게 되면 상당 기간 사용할 수 있고 바꾸기가 쉽지 않다. 그러므로 처음부터 꼭 필요한 것인지 여부를 판단하고, 필요하다면 어떤 종류가 좋은지 파악한 다음 구입하는 게 좋다.

시설물과 차량

꽃 냉장고

　꽃집에서 취급하는 상품 중 절화의 신선도를 크게 좌우하는 것이 온도이다. 여름철 고온이 되면 장미는 하루 만에 꽃이 피어버려 쓸모없게 되는 경우가 많으므로 절화를 취급하는 꽃집에서 꽃 냉장고는 필수품이라 할 수 있다.

꽃 냉장고는 꽃의 신선도 측면에서 보면 전문업체에 제작 의뢰하는 것이 좋으나 상대적으로 비싸고 제작업체도 서울에 집중되어 있다. 따라서 지방의 경우 필요할 때 AS를 받지 못하는 경우도 있다. 일반 냉장고 제작업체에 의뢰하면 가격은 다소 낮고, 지방에서도 쉽게 주문 제작이 가능하다. 그러나 꽃의 신선도 유지 측면에서는 전용 냉장고에 비해 효율이 떨어지는 단점이 있으므로 이를 감안하여 업체를 선택하고 제작하는 것이 좋다.

냉·온방 장치

여름의 고온은 절화나 분화 식물의 꽃 수명을 짧게 한다. 겨울의 저온은 식물의 생육에 장애를 일으킨다. 그러므로 냉·온방 장치를 해야 하는데, 여름에는 에어컨보다 환기와 차광 등으로 온도를 낮추도록 한다. 에어컨은 식물의 상품성을 떨어뜨리게 하는 경우가 많기 때문이다.

겨울에는 열풍기, 연탄난로, 석유난로 등 다양한 방법으로 난방을 할 수 있는데, 현재는 연탄난로나 석유난로보다 열풍기가 많이 사용되고 있다. 연탄난로는 석유난로에 비해 연료비가 적게 드는 이점은 있지만 연탄을 갈아야 하고 연탄재 처리에 수고가 든다. 열풍기는 편리하지만 관엽식물이 열풍을 직접 쪼이게 되면 건조되거나 생육에 나쁜 영향을 미치기도 한다.

배달용 차량

꽃집 상품을 배달하기 위한 차량은 1톤 트럭이 좋다. 봉고차 등도 활용하기 좋지만 크기가 큰 관엽식물의 구매나 배달까지 생각한다면 1톤 트럭을 구입한 후 화물칸에 천막을 치는 것을 권한다. 천막은 지방에서도 제작할 수 있지만 서울의 관엽식물 도매시장 근처에서 하는 것이 튼튼하고 보기에도 좋다. 차량에 천막을 설치할 때는 가능한 자동차관리법에 의해 형식승인을 받아야 한다.

차량은 점포를 홍보하는 움직이는 광고물이므로 차량의 앞, 옆면 그리고 천막에 꽃집을 홍보할 수 있는 상호나 문구를 눈에 띄게 표시해두는 게 좋다.

한편, 차량은 갖춰놓으면 여러 가지로 편리하지만 구입 비용이 만만치 않다. 최근에는 배달대행체계도 잘 되어 있으므로 소규모 꽃집에서는 위탁배달을 고려해보는 것도 좋은 방법이다.

포장지함과 리본 보관대

포장지와 리본을 걸 수 있도록 만든 것이 꽃 자재 판매점에서 판매되고 있으므로 구입하여 이용하면 된다. 꽃집에 따라서는 둘 곳이 없거나 편리하게 활용하기 위해 벽에 부착하여 사용하기도 한다〈그림 5-10〉.

그림 5-10
벽면에 부착된 포장지함과 리본 보관대.

진열대

조립식 철제나 유리, 목재 등 실내 분위기에 맞춰 선택하는 것이 좋다. 재질은 꽃집의 경우 물을 많이 사용하기 때문에 습기에 강한 것을 선택한다. 진열대의 연출은 위탁해도 좋지만 관엽식물 대품 같은 것은 전선주를 감았던 나무 롤을 구입해서 이용해도 좋다.

도구

물통

꽃집에서 물통은 생화를 꽂아두어야 하므로 필수적이다. 꽃집에서 많이 이용하는 물통의 재질로는 플라스틱, 고무 및 철제 재질이 있는데, 플라스틱 재질이 미관상 좋다. 최근에는 꽃 전용 제품도 많지만 쉽게 손상되는 단점이 있다. 철제 재질은 보기 좋고 튼튼하지만 무겁고 가격이 비싼 단점이 있다. 고무는 아름답진 않지만 가볍고 튼튼해 쉽게 쓸 수 있는 이점이 있다.

따라서 꽃을 진열하면서 물통에 담아두고자 할 때는 플라스틱 물통이 좋고, 꽃을 저장한다는 개념에서 물통에 꽂아둘 목적으로 구입한다면 고무 물통을 구입하는 것이 좋다. 절화를 꽂아두는 것 외에 오아시스를 담가둘 물통도 필요하므로 갖춰놓는 게 편리하다.

가위

꽃집에서 사용하는 가위에는 여러 종류가 있고 그 종류에 따라 특성이 다르다. 가위는 작업할 때 손목에 무리가 없고 효율성이 좋은 것을 선택한다.

포장지, 리본

포장지는 꽃다발, 꽃바구니, 화분 포장 등 다양한 상품에 이용되는데, 재질이 다양하고 용도에 따라 각기 다른 재료를 사용하기도 하므로 용도별로 구비해두어야 한다〈그림 5-11〉.

그림 5-11
꽃집에서 포장지와 리본은 필수적
으로 준비해두어야 한다.

분무기

꽃바구니 등의 상품을 제작한 후 신선도를 유지해주기 위해 분무하거나 관엽식물에 병충해가 있을 때, 농약을 살포할 때 등 반드시 필요한 기구이다. 분무기에는 다양한 종류가 있는데, 철물점, 꽃 자재 판매점 등에서 쉽게 구입할 수 있다.

가시제거기

꽃다발을 전문적으로 판매하거나 많은 절화를 취급하는 곳에서는 장미 가시제거기를 구입하여 이용하는 것이 좋으나 규모가 작은 곳에서는 수작업용 기구를 이용하면 된다.

기타

꽃집에서 사용되는 기구에는 리퍼, 펜치 등의 공구, 본드총, 음악을 연출할 수 있는 기기 등 다양하므로 꽃집에서 연수할 때나 기존 꽃집에 문의하면 우선적으로 필요한 기구를 파악할 수 있다.

사무기기

전화와 팩스

꽃집뿐만 아니라 어느 업종에서든 전화는 반드시 필요하다. 전화의 경우 수신자 부담 회선까지 갖춰놓으면 고객서비스 측면에서 좋다. 팩스는 통신배달을 할 때 주문서와 인수증의 수발신에 반드시 필요하므로 갖춰놓아야 한다. 꽃집에 따라서는 회선 하나로 전화와 팩스를 같이 쓰고 있는데, 바쁠 때는 전화도 팩스도 제대로 못 사용하게 되므로 별도의 번호를 갖춰놓고 사용할 것을 권한다. 최근에는 전화와 팩스 외에 휴대전화의 사진 전송 기능의 활용도가 높아지고 있다.

컴퓨터 및 프린터

꽃집에서 컴퓨터는 필수품화되어 있다. 리본 글씨의 출력, 고객 관리 등에 필요할 뿐만 아니라 온라인 수발주, 체인점 간의 수발주, 수주상품의 이미지 검색 및 인수나 수주 확인에도 필요하므로 갖춰놓는 것이 좋다. 컴퓨터와 함께 리본용 프린터도 갖춰놓아야 한다〈그림 5-12〉.

그림 5-12
꽃집에서 사용되고 있는 리본용 프린터.

카드 단말기

꽃을 구매하는 고객 중에 신용카드로 구매하는 비율이 점차 높아지고 있으므로 카드 단말기는 필수적으로 갖춰놓아야 한다. 카드 단말기가 없으면 신용카드를 이용해서 구매하려는 고객을 놓칠 수 있을뿐더러 미수금 비율도 높아질 수 있다. 카드 단말기에는 사무실용과 휴대용이 있는데, 꽃집의 상황에 따라 선택하거나 두 종류 다 갖춰놓는 것이 좋다.

사무용품

수발주, 매출일계표 작성, 수금 관리 기록, 고객카드 작성과 활용 등 꽃집에는 생각보다 많은 사무가 있으므로 책상 등 사무용품이 필요하다.

기타

서류함, 금고, 책꽂이 등 사무 관련 기기와 용품을 체크한 다음 갖춰놓아야 한다.

03 꽃집의 이미지 통합

의의

최근 꽃집 업계에서도 간판부터 배달차량, 직원들의 복장, 비즈니스 양식에 이르기까지 동일한 색깔이나 로고를 새겨서 이미지를 나타내는 데 활용하고 있는 예가 증가하고 있다〈그림 5-13〉. 이것은 기업의 'CI 전략'과 같은 선상에서 이해할 수 있다. CI는 'Corporate Identity'의 약자로, corporate는 '단체의, 공동의, 법인' 등의 뜻이 있으며, identity는 '동일성, 일치, 주체성, 자기 존재의 증명' 등의 뜻으로, 간단히 말하면 '개성'이라고 할 수 있다.

이 CI를 소매점에 적용해보면 'SI(Store Identity) 전략'이 된다. 즉 꽃집의 이미지를 통합하여 다른 꽃집과 차별화하고 좋은 이미지를 가꾸는 것이므로 이 부분에 대한 전략적인 검토와 활용이 필요하다.

이미지 통합 분야

이미지 통합 분야는 크게 마음, 표현, 행동의 통일로 구분할 수 있는데 마음

그림 5-13
꽃집에서도 최근 CI를 도입 및 활용하고 있는 곳들이 많다.

의 통일(MI, Mind Identity)은 꽃집에서는 꽃집의 경영 이념과 철학을 나타내는 것이다. 표현의 통일(VI, Visual Identity)은 사업이념을 로고, 심볼마크, 색 등 시각적으로 나타내는 것이다. 행동의 통일(BI, Behavior Identity)은 직원들의 행동 양식을 나타내는 것으로 친절함, 예의바름 여부 등이 포함된다.

표현의 통일 방법과 활용

표현의 통일

현재 꽃집 중에는 마크나 로고가 없는 곳이 많고, 있더라도 충분한 검토 없이 결정한 곳들이 많다. 마크나 로고는 점포의 콘셉트가 반영된 것이 좋고, 이를 결정할 때는 일반적으로 다음과 같은 사항을 고려해야 한다.

- 점포의 사업이념을 반영한 것.
- 장래의 시대 변화를 고려한 것.
- 다른 점포와 비슷하지 않고, 개성이 강조된 것.

- 경영자나 직원이 납득 가능한 것.
- 친근감이 있으면서도 새로운 이미지가 있는 것.

이렇게 하여 결정된 마크나 로고는 점포의 간판, 차량, 포장지, 홍보 전단, 복장 외에 명함, 봉투, 접수증, 고객카드, 인수증 등 각종 비즈니스 양식 등에 활용한다.

행동의 통일 방법

경영주는 물론 직원의 행동이 통일되면 꽃집 발전에 도움이 된다. 점포의 직원들이 예의 바르다 아니면 버릇이 없다 등 직원의 접객 태도에 대한 평가는 점포의 발전과 밀접한 관련이 있으므로 친절, 예의바름 등에 대한 행동 통일이 있어야 한다.

6
Chapter

꽃집의 직원 관리와
판촉물

01 직원의 채용과 관리

직원 채용

의의

꽃집을 소규모로 창업하여 경영주 혼자 혹은 부부가 운영할 경우 직원의 채용과 관리는 신경 쓰지 않아도 된다. 그러나 창업 초기 기술이 없는 상태에서 개업할 때, 창업 이후 일손이 부족할 때, 창업 초기부터 규모 있게 시작할 때 등 상황에 따라서는 직원을 채용해야 하는 경우가 있다.

직원을 채용하게 되면 생산성뿐만 아니라 인간적인 문제 등 여러 가지 새로운 문제에 직면하게 되고, 그것은 꽃집의 운영 방향에까지 영향을 미치므로 신중히 생각하고 결정해야 한다.

직원의 채용 여부

창업 초기에 꽃집의 주변 환경이나 운영체계에 익숙하지 않아 디자인이나 배달 같은 조그마한 문제에 부딪히거나 일이 약간 늘어나 바빠지면 직원 채용부터 생각하는 분들이 있다. 직원을 채용하게 되면 매월 고정적인 보수 외에 부대 비용이 소요되는데 창업 초기에는 고정 고객도 적고 매출도 정상궤도에 오르지 않은 상태이기 때문에 자금 압박을 받기 쉽다. 그러므로 창업 초기에는 사소한 일은 되도록 경영주 본인이 직접 처리하고 바쁠 때는 시간제 직원을 채용하거나 위탁통신배달체계를 활용하는 것이 좋다.

현재 일부 시골 지방을 제외한 대부분의 지역에서는 꽃만 전문으로 배달해 주는 배달체계는 물론 화환 등의 상품도 대행하여 제작하고 배달까지 해주는 위탁체계가 잘 되어 있으므로 이를 활용하는 것을 권한다.

구인과 채용

직원을 모집하는 방법에는 여러 가지가 있다. 인터넷 구인란, 홈페이지, 생활정보지 등 다양하지만 보다 확실한 방법은 업계 내에서 소개받는 것이다. 업계라고 하면 꽃시장이나 도매업체 그리고 꽃꽂이 학원이 대표적인데, 이들은 많은 정보를 갖고 있다. 따라서 거래하고 있거나 거래하게 될 도매온라인업체에 부탁해도 좋다. 특히 꽃집 창업반을 운영하고 있는 학원이나 꽃꽂이 강사 등에게 부탁하면 디자인이나 인간적인 측면에서도 신뢰할 수 있는 직원을 채용하기 쉽다.

직원의 관리

직원 관리는 경영주와 직원 간에 서로 인간적인 신뢰를 형성하는 데서 시작해야 한다. 대체적으로 보수가 적은 편임에도 불구하고 꽃집 근무를 희망하는 사람들은 장래 꽃집이나 관련 분야에서 독립하고자 하는 꿈을 갖고 있는 사람들이 많다. 따라서 인간적인 관계의 유지뿐만 아니라 장차 독립할 때 도움이 될 수 있도록 기술지도나 업계 현황, 판촉 활동이나 경영 방법에 대해 토의하면서 서로의 발전을 모색하는 게 좋다. 그렇게 되면 직원도 자신의 일이라는 마음을 가지고 성심성의껏 일할 것이다.

02 비즈니스 양식

의의

꽃집에서는 주문접수증, 인수증, 청구서, 납품 내역서 등 다양한 비즈니스 양식을 쓰고 있다. 이들 서식은 접수나 배달 업무, 수금 등 꽃집 업무를 효율적으로 진행하는 데 필요할 뿐만 아니라 꽃집을 홍보하는 수단이 되며, 점포의 신뢰도를 높이는 데도 크게 기여하므로 갖춰놓고 효율적으로 활용하는 것이 좋다.

명함과 봉투

명함

명함은 돈이 좀 들더라도 버리기에는 아까울 정도로 깜찍하게 디자인한다. 크기는 일반 명함 크기보다 약간 작은 것이 좋다. 접는 방식의 명함이나 크기가 큰 것은 수첩이나 지갑의 명함꽂이에 들어가지 않아 버리게 되는 경우가 많기 때문이다. 명함 내용은 일반적인 명함처럼 이름이나 주소, 연락처, 홈페이지, 이메일 등과 함께 꽃집의 이미지를 살릴 수 있는 문구나 로고를 넣는다. 통신주문에 대응하기 위해 꽃 주문 시 대금을 결제할 수 있는 계좌번호를 명함 뒷면에 기재해놓는 것도 좋다.

봉투

봉투는 일반 편지봉투와 대봉투 2가지에 상호를 인쇄해 준비해놓는 것이 좋다. 일반 편지봉투는 수금 시 영수증을 넣는 데 많이 사용되고 대봉투는 홍보물을 주거나 보낼 때 많이 이용된다.

주문서 및 인수증

주문접수증

주문접수증은 어떤 형태로든지 있어야 효율적으로 업무를 진행할 수 있다. 주문접수증의 형식은 꽃집에 따라 다르게 할 수 있으나 고객정보, 주문 내역, 배달일시, 배달처, 리본 글씨나 메시지 내용, 수발주 관계, 고객의 요구사항, 참조사항 등을 기록할 수 있는 형식을 갖추는 게 일반적이다. 최근에는 꽃집용 컴퓨터 프로그램이 개발되어 있으므로 이것을 활용해도 좋다.

주문서

주문서는 2가지로 구분할 수 있다. 하나는 꽃집에서 일반적으로 사용하는 것으로 시외 지역 통신배달 주문에 사용하는 것이다. 다른 하나는 고정 거래처에 비치해두고 그 거래처에서 주문 시 비치된 양식을 작성하여 팩스로 주문하게 하는 양식이다.

　주문서 내용은 꽃집에서 꽃집으로 주문할 경우, 보내는 꽃집의 주소나 전화번호를 인쇄한 후 주문품목, 수량, 가격, 리본이나 메시지 내용, 추가 사항만 기재하고 받는 사람, 배달시간과 장소는 인수증에 표시할 수 있도록 하는 것이 편리하다. 그러나 거래처에서 꽃집으로 주문할 때 쓰는 주문서는 거래처의 상호와 연락처, 주문 담당자, 주문 품목이나 가격, 리본, 메시지 내용, 받는 사람의 이름과 주소, 배달일시, 참고사항, 결제 방법까지도 쓸 수 있게 만들어야 한다.

인수증

　고객이 주문한 상품을 배달할 때 납품을 증명하기 위한 서식이다. 꽃집에서 일반 고객으로부터 직접 주문받은 꽃을 직접 배달하는 경우는 주문에서 배달까지 직접 처리하기 때문에 납품 여부에 따른 문제의 발생 소지가 적다. 그런데 꽃의 경우 통신배달 주문이 많아 상품의 제작과 배달을 다른 꽃집에 의뢰하는 경우가 많다. 배달위탁업체에 배달을 대행할 때도 수주자가 직접 배치 현장에 가지 않기 때문에 배치 문제라든가 주최 측에 인도 등에 대한 믿음이 다소 약하게 된다. 이에 대한 대책으로 배달자에게 납품 확인서를 받아오게 하는데 이것이 바로 인수증이다. 본인이 운반하는 경우라도 인수증은 받아두는 것이 차후에 발주자와 수주자 간 마찰을 피할 수 있다. 회사를 상대로 거래할 경우 인수증을 대금 청구서와 함께 첨부해야 결제가 되는 경우도 있으므로 받아두는 게 좋다.

03 꽃집 판촉물

의의

꽃집을 예쁘게 꾸며놓고 좋은 상품을 갖추어 진열해두어도 홍보를 소홀히 하면 많은 고객의 방문이나 구매를 기대하기 어렵다. 꽃집 경영에 경험이 없는 창업 초기에는 우선 꽃집에서 많이 이용하는 판촉물 위주로 홍보하고, 점차적으로 경영 전략에 따라 매스미디어 등 다양한 채널을 이용하여 홍보하는 것이 바람직하다. 이를 위해 창업 시 꽃집에서 우선적으로 필요한 판촉물 종류와 특징을 이해한 다음 이를 효율적으로 활용하는 것이 좋다.

종류와 활용

꽃 책받침

상품 사진을 인쇄한 후 코팅 처리하여 책받침처럼 만든 것이다. 과거에는 꽃집 홍보의 필수품처럼 사용되기도 했다. 지역이나 꽃집에 따라서는 현재도 사용하고 있다. 꽃을 배달할 때 상품과 함께 건네주어도 좋다. 새로운 고객을 개척할 때나 통신주문을 많이 하는 거래처에 배포해두면 통신주문을 할 때 접객자료로 활용할 수 있는 매개체가 된다. 꽃 책받침은 16절 책받침과 국16절 책받침이 많이 사용되는데 16절 책받침은 많은 사진이 들어가므로 꽃집을 방문한 고객이나 유동 고객에게 부담이 없는 홍보물이다.

책받침의 주문은 직접 제작하면 비용이 많이 발생하므로 전문 업체에 제작 의뢰하는 것이 좋다. 판매하고자 하는 상품 사진과 꽃집의 상호, 연락처 외에 계좌번호 등을 꼭 써놓아 통신주문 시 효율적으로 활용하도록 한다.

스티커

스티커는 적은 비용으로도 폭넓게 활용할 수 있는 판촉물이다. 명함과 동일한 크기로 제작할 수 있는 이미지 스티커와 미니스티커 등을 활용하면 다양한 장소에 부착하여 오랫동안 볼 수 있는 장점이 있다. DM 발송을 할 때 봉투에 붙이기 좋고, 포장할 때 포장지에 붙여 이용할 수 있으며, 카탈로그나 판촉물 등에 부착해 활용 가치를 높일 수도 있다. 책상이나 탁자 위, 전화기 주변 등에 붙여 배달이 필요할 때 명함이 어디 있는지 찾지 않고도 쉽게 이용할 수 있다.

달력

달력은 벽걸이용과 테이블용이 많이 이용된다. 제작 비용은 다른 판촉물에 비해 비싼 편이지만 1년 동안 활용이 가능하기 때문에 제대로 제작하면 제작비 이상의 효과를 기대할 수 있다. 달력 내용은 꽃 상품 등 꽃과 관련된 것이 좋은데, 직접 촬영해서 만들면 좋지만 그럴 경우 비용이 많이 발생하므로 꽃집용 달력으로 제작되는 것 중에 선택하여 상호와 전화번호 등을 인쇄해서 사용하는 것이 저렴하다. 제작 후 꽃을 가장 많이 쓰고 자주 꽃을 구입하는 고객에게 사은품으로 증정하거나 구매 가능성이 큰 회사나 단체의 사무실, 이용객이 많은 점포에 배포하는 것이 효율적이다.

카탈로그

꽃 책받침과 함께 꽃집에서 많이 이용되는 판촉물이다. 크기와 종류가 다양한데, 큰 것은 단체나 회사고객에게 상품 구매 안내용으로, 작은 것은 꽃집 입구에 두어 방문구매 고객들이 가져갈 수 있도록 한다. 카탈로그 내용은 다른 꽃집의 카탈로그를 수집하여 세밀하게 분석한 다음 꽃집의 상황에 맞게 꾸미는 게 좋다. 특히 꽃집을 방문해보지 않았거나 카탈로그를 통해 처음 접하는 고객은 카탈로그를 통해 꽃집의 이미지나 상품을 생각하므로 고객의 관심을 끌어내고 그 관심을 상품 구매로 연결시킬 수 있도록 꾸며야 한다. 이때 카탈로그의 상품 사진은 꽃집에서 판매하는 상품과 크게 차이가 나지 않아야 한다.

카탈로그를 제작할 때는 직접 제작하는 것이 좋지만 경제적인 면을 보면 여러 꽃집에서 다량 제작한 다음 서로의 상호를 바꾸어 인쇄하거나 꽃집만 대상으로 카탈로그를 전문적으로 제작하는 업체에서 만든 카탈로그에 상호를 인쇄하는 것도 고려할 만하다.

마우스패드

마우스패드는 주변에 사무실이 많은 꽃집에서 이용하기 좋은 홍보물이다. 사무실에는 최소한 2~3대 이상의 컴퓨터가 있으므로 고급스럽고 예쁘게 만든 마우스패드를 제공하면 꽃집 홍보에 많은 도움이 된다. 특히 홈페이지가 잘 만들어진 꽃집에서는 마우스패드를 통해 온라인 구매를 유도할 수 있다.

태그(Tag)

태그(Tag)는 패션을 포함한 여러 제품에 사용되는 것으로 품질 보증태그를 부착하여 해당 브랜드의 이미지를 높여주는 경우가 많다. 꽃집에서도 태그를 만들어 꽃바구니, 꽃다발 등의 상품에 부착하면 상품에 대한 품질보증은 물론 홍보 효과를 낼 수 있다. 태그 앞면에는 꽃집의 고유 디자인이나 로고를 인쇄하고, 뒷면에는 해당 꽃집의 상호, 전화, 팩스번호 등을 인쇄하여 두는 것이 좋다.

메시지카드

꽃바구니나 꽃다발 등의 상품에서 리본 대신 사용되는 것으로 꽃집에서 반드시 갖춰두어야 할 자재이기 때문에 꽃 자재점에서 판매하고 있다. 메시지카드를 꽃집에서 직접 제작하여 꽃집의 로고나 상호, 전화번호 등을 인쇄해서 사용하면 꽃집 홍보에 도움이 되고 신뢰감도 높일 수 있다.

기타

그 외에도 고무판, 명함케이스, 인형, 티슈, 방향제, 자, 메모지, 주차안내증 등 다양한 판촉물이 있으며, 꽃집의 주변 환경과 고객 그리고 경영 방침에 따라 효율적으로 활용할 수 있다.

7
Chapter

꽃집 상품의
구매와 관리

01 상품의 구매

의의

상품의 구매는 꽃집의 경쟁력과 관련이 있다. 좋은 품질의 상품을 저렴하게, 재고가 나지 않도록 적정량을 구입하게 되면 경쟁 꽃집에 비해 싸게 파는 것이 가능하고, 이익률을 높이는 것도 가능해 경쟁력을 높일 수 있다. 품귀 현상이 일어나기 쉬운 것을 안정적으로 구입하되 구입에 따른 시간과 경비를 줄이는 것 역시 경쟁력 향상에 도움이 된다. 그러므로 좋은 상품의 구별법, 가격 변동, 유통구조, 적정량 구입에 대한 지식의 습득과 함께 좋은 거래처를 선정하여 거래하는 것이 중요하다.

구매처의 종류와 특징

도매시장 및 유사업체

도매시장 및 유사업체는 상품의 종류가 풍부하고 가격도 저렴하게 구입할 수 있는 곳이지만 지역에 따라서는 존재하지 않는 곳도 있고 절화, 관엽식물, 난 등 품목별로 형성되어 있기 때문에 각각의 시장을 방문하여 구매해야 한다.

현재 절화는 도매시장에서 경매를 통해 가격이 형성된 것을 중도매인상을 통해 구입할 수 있는 형태의 시장이 서울, 부산, 광주 등 대도시에 존재하고 있으므로 기존 꽃집 등에 문의해보면 쉽게 파악할 수 있다〈그림 7-1〉.

관엽식물, 분화류와 난은 서울과 일부 지역에는 꽃집만을 대상으로 하는 도매시장 형태의 시장이 존재하고 있으나 대부분의 지역에서는 1개 또는 여러 개의 업체들이 서울 도매업체나 농장에서 상품을 수집한 후 꽃집을 상대로 영업을 하고 있는 실정이다. 관련 자재 중 플라워디자인과 관련된 것은 절화를 파는 시장 근처에, 화분, 분받침, 용토 등 원예식물과 관련된 자재는 관엽식물 및 분식물을 판매하는 시장에서 판매하고 있다.

이동차량

도매시장이 없는 지방에서는 꽃 구매 자체에 많은 시간과 비용이 드는 경우가 있다. 이런 문제점에 대응하는 방법이 바로 이동차량이 꽃집을 방문하면서 판매하는 체계로, 현재 지방뿐만 아니라 일부 대도시에서도 쉽게 볼 수

그림 7-1
절화 도매시장.

있는 형태이다. 관엽식물을 제외한 절화, 자재, 분화류, 분재류, 동서양란 등 다양한 상품을 갖추고 순회 판매하므로 상황에 따라서 이를 활용할 수 있다.

농장

꽃집은 소매업이기 때문에 꽃을 생산하는 농장에서 구매하면 저렴하게 구입할 수 있을 거라고 생각하는 사람들이 많다. 그런데 실제로는 농장에서 직접 구매하는 꽃집이 거의 없고 있다 하더라도 일부 품목에 한정되고 있다. 보통 농장에서는 경영의 효율성을 높이기 위해 한두 품목만 재배하는 경우가 많고, 출하 시기도 특정 시기에 집중된다. 따라서 꽃집이 농장에서 다양한 품목을 지속적으로 구입하기는 쉽지 않다.

또 꽃 가격은 수시로 변하는데 농장의 상품은 가격이 형성되기 이전이므로 거래 가격이 명확하지 않은 어려움이 있다. 이 때문에 현재 농장에서 직접 구매할 수 있는 품목은 일부 관엽식물과 분화류 그리고 동서양란, 자생식물 등으로 한정되어 있는 실정이다.

구매처 선정과 관리

시장조사와 예비 구매

꽃집의 상품은 대부분 지역에 있는 도매시장이나 도매 형태를 취하고 있는 곳, 또는 경매 상품이나 생산자가 출하한 것을 수집하여 꽃집을 상대로 거래하는 사람들에 의해 유통된다. 그러므로 꽃집을 창업하고자 하는 지역의 도매시장 혹은 꽃집을 상대로 절화나 관엽식물, 난, 자재 등을 공급하는 곳이 어디에 있는지 조사해둔다. 조사는 근처 꽃집이나 꽃꽂이 강사 등에게 문의하여 시장을 파악한 다음 방문해본다.

방문 시에는 가능한 여러 곳을 방문해 상품의 구색이나 가격 등도 검토한다. 이렇게 창업 전에 꽃시장이나 관엽식물을 도매하는 곳, 자재상 등을 방문하여 거래 현장을 살펴보는 것은 예비 구매 성격을 지녀 실제 구매에도 좋은 경험으로 작용한다.

구입처 선정

꽃 도매상은 모든 구색을 갖춰놓고 있는 것이 아니라 몇 품목만을 중점적으로 취급하는 곳이 많아 꽃집 입장에서는 여러 군데의 도매상들과 거래하여 다양한 구색을 갖추도록 해야 한다. 이 과정에서 도매상 선정에 신중을 기해야 한다. 왜냐하면 부적절한 도매상과 거래하게 되면 상품의 질이 현저하게 떨어져 마케팅 실적이 떨어지기 때문이다. 그런데도 우리나라에서는 아직까지도 사적인 정을 이유로 애초에 도매상을 잘못 선정하였어도 거래처를 바꾸지 못하기도 한다. 따라서 좋은 도매상을 어떻게 선정할 것인가 하는 문제는 매우 중요하므로 다음과 같은 사항을 감안하여 선정한다.

① 활기 있는 곳을 선정한다.

거래처를 선정하기 전에 시장을 방문하여 각각의 도매업체를 살펴보면 유난히 활기가 넘치는 업체들이 있다. 활기 있는 업체들은 주로 많은 꽃집을 거래처로 두고 있으므로 상품이 들어오고 나가는 양이 많은 곳이다. 거래처가 많다는 것은 그만큼 꽃집들에게 메리트를 제공하고 있으며, 상품의 회전도 빠르다는 것을 암시한다.

② 자신의 꽃집 유형에 맞는 상품을 취급하고 있는 곳을 선택한다.

도매상도 여러 가지 유형이 있다. 절화나 소재만을 판매하는 곳이라도 수입 절화나 소재 등 희귀한 고급 상품 위주로 판매하는 곳, 품질이 낮은 것을 싸게 파는 곳 등 차이가 있다.

관엽식물의 경우도 관엽식물 소품을 사서 분갈이나 연출을 하여 파는 곳, 플라스틱 화분 채 그대로 파는 곳이 있으며, 난도 분갈이를 해서 파는 곳, 심지 않은 것을 파는 곳 등 다양한 곳이 있으므로 자신의 상품 전략, 추구하고자 하는 점포 형태, 주목표 고객층에 맞는 상품을 취급하는 곳을 선택한다.

③ 정보 제공력과 인간적인 매력이 있는 곳이 좋다.

꽃집 창업 초기에는 정보가 부족한 경우가 많다. 각 학교별 졸업식은 언제이며 졸업식을 대비하여 꽃을 어느 정도 갖춰놓는 것이 좋은가, 또 언제 어디에서 플라워디자인 교육이 있는지 등 부족한 정보를 제공해주는 능력과 인간적인 매력이 있는 곳을 선정한다. 그런데 거래를 하지 않은 상태에서 이러한 곳을 파악하기란 쉽지 않으므로 기존의 꽃집에 문의하여 꽃집들로부터 높게 평가받고 있는 곳을 선정한다.

④ 기타

꽃을 팔고 사는 거래이기 때문에 공정성과 객관성이 있는 곳이 좋다. 도매시장을 거래하게 되면 처음에는 방문하여 구매하다가 사정이 여의치 못하면 전화로 주문하는 경우가 많아지는데, 이때 전화로 주문해도 방문해서 구매한 것처럼 좋은 상품을 납품해주는 곳, 급히 필요할 때 필요한 상품을 신속하게 배달해주는 곳이 좋다.

또 갑작스럽게 주문이 들어온 상품이 꽃집에 없을 경우 도매업체에 전화를 하면 리본 글씨까지 써서 배달해줄 수 있는 거래처를 선정해놓으면 좋다.

구매처와의 관계

꽃의 구매처와 인간적인 관계를 맺어두면 정보를 쉽게 얻을 수 있을 뿐만 아니라 여러모로 편리하다. 가령 특성상 소매나 상품 제작용으로는 손색이 없어도 도매로 팔기에는 불가능한 상품이 발생할 때 도매상과 좋은 관계를 유지하면 이 상품을 무료로 혹은 저렴하게 구입하여 활용할 수 있다.

구매처를 잘 선정해도 상품에 따라서는 도매상에서도 꽃을 구입할 수 없을 때가 있다. 그럴 때를 대비하여 상품력을 높이기 위해서는 신규 구입처의 개발도 중요하다. 반면 상당 기간 동안 별로 유익하지 못했던 구입처는 하루라도 빨리 정리해야만 한다. 그렇지 못할 경우 형식적인 거래를 유지한다고 해도 쌍방에 도움이 되지 않는다. 거래관계가 정체되어 있으면 어느 쪽에 책임이 있든 간에 거래를 끊는 편이 서로에게 유리하다.

절화의 신선도 유지

의의와 절화 수명 연장 생리

의의

꽃집에서 판매하는 상품인 꽃은 생명체이므로 적절하게 관리해줘야 한다. 절화의 경우 관리가 적절하지 않으면 싱싱한 꽃을 꽃병에 꽂아두어도 피지 않고 시들어버리는 일이 발생한다. 구매한 절화가 피지 않거나 쉽게 시들면 재고가 많이 발생해 손실률이 올라간다. 또 꽃집에서는 싱싱한 상태의 꽃을 제작해 판매했는데, 소비자가 이용할 때는 꽃이 피지도 못하고 시들어버리는 경우도 발생한다. 그렇게 되면 소비자들은 꽃집을 불신하게 되고 이것은 향후 매출에도 악영향을 미친다. 따라서 절화의 생리 및 신선도 유지 방법을 공부해두고 대응책을 세워야 한다.

절화의 수명 연장 생리

절화는 모체로부터 줄기가 잘라진 것이므로 뿌리가 아닌 줄기로 양분과 수분을 흡수해 절화되지 않은 꽃보다 쉽게 노화되어 수명이 짧다. 절화의 수명에 영향을 미치는 주된 요인으로는 수분 흡수 불량과 호흡에 의한 양분 부족, 그리고 에틸렌가스를 들 수 있다.

① 수분 흡수 불량

절화는 뿌리로 물이나 양분을 빨아올리는 대신에 줄기의 절구(자른 부위)로 물을 빨아올린다. 따라서 절화는 뿌리와 같은 역할을 하는 줄기의 자른 부분을 매우 중요하게 취급해야 한다. 절화에서 꽃이나 잎이 시드는 현상은 줄기 절구의 도관으로부터 빨아올리는 수분이 잎으로 증산되는 것보다 적어 일어난다. 원인으로는 ① 줄기 절구의 도관에 박테리아 및 곰팡이 등의 미생물이 번식해 절구의 도관이 좁게 되거나 막히는 경우, ② 줄기를 자른 후 도관 속에 기포가 생겨 수분의 상승을 방해하는 경우, ③ 줄기의 자른 부위에서 유액이 분비되어 절구가 굳어버리거나 도관을 막아버리는 경우를 들 수 있다.

② 호흡에 의한 양분 부족

절화는 모체에서 줄기가 잘려진 뒤에도 생명체의 필수적 생존수단으로 호흡작용을 한다. 식물체는 호흡작용을 하면서 열이 발생하고 조직의 이상으로 인한 팽압의 소실, 방향성 물질의 배출, 영양분의 손실 및 이동, 그리고 외관상의 품질 저하를 유도하여 절화의 신선도 및 수명을 저하시킨다. 호흡작용에 의한 품질 저하는 호흡열에 의한 수분 손실, 체내 탄수화물 손실, 이산화탄소의 배출, 에틸렌가스 발생으로 인한 노화의 촉발, 노화의 진행에 따른 비정상적인 호흡에 의한 자유전자(free electron) 발생 등으로 인해 절화의 신선도 및 수명을 저하시킨다.

따라서 절화의 신선도 및 수명을 증진시키기 위해서는 절화의 호흡을 최소한으로 유지시키는 것이 좋은데 보통 절화의 호흡량은 고온에

그림 7-2
절화는 신선도를 유지하기 위해 호흡을 최소한으로 유지해야 한다.

서 늘고 저온에서 줄어든다〈그림 7-2〉.

③ 식물 노화 촉진 호르몬의 영향

식물의 노화를 촉진하는 물질은 에틸렌이다. 에틸렌은 식물호르몬의 일종으로 식물이 스스로 체내에서 만들어 성숙을 촉진시키고, 그 결과 노화를 촉진한다. 절화는 그 자체에서 에틸렌이 생성되어 노화가 촉진될 뿐만 아니라 외부에서 공급된 에틸렌에 의해서도 노화가 촉진된다. 따라서 꽃집에서는 에틸렌의 생성을 어떻게 억제하고, 에틸렌으로부터 절화를 얼마만큼 보호할 수 있는가가 절화의 노화 억제와 수명 연장의 관건이 된다.

구매한 절화의 손질

우리나라에서 꽃은 일반적으로 생산지에서 절화되어 물을 흡수시키지 않은 상태로 박스에 넣어 공판장에 출하된다. 이렇게 물을 흡수시키지 않은 상태로 수송시키는 이유는 수송경비 문제도 있지만, 물을 흡수시켜 팽팽한 상태로 수송을 하면 꽃이 상처를 입는 비율이 높아지기 때문이다. 그러므로 꽃집에서는 꽃을 구입한 후 꽃에 물을 흡수시켜 상품의 모습으로 돌이키는 작업부터 해야 하는데 이 과정 중에 다음과 같이 몇 가지 처리를 하면 절화의 수명을 연장할 수 있다.

잎을 제거한다

구입한 꽃은 대부분 생산자가 출하한 채 그대로 꽃집으로 수송되는 경우가 많으므로 꽃집에서는 필요 없는 가지나 병든 잎 등을 따내야 한다. 물에 잠기는 부분의 잎은 병이나 에틸렌가스의 발생원이 되고 일부 절화에서는 증산량이 많아 시드는 원인이 되기도 하므로 줄기의 잎은 일반적으로 1/3~1/2 부분까지 따낸다. 장미는 물에 잠긴 잎에서 나오는 페놀물질이 물을 썩게 해 수명을 단축시킨다.

가시를 제거한다

장미처럼 줄기에 가시가 있는 것은 물통에 꽂은 후 팔려고 빼낼 때 다른 꽃이나 잎에 상처를 입히기 때문에 제거하는 것이 좋다. 단, 잎이나 가시를 따낼 때 기구를 거칠게 사용하면 줄기에 상처가 나거나 껍질이 벗겨지고 그곳에 박테리아가 증식되어 물오름이 저해되기도 한다. 따라서 가시는 줄기에 상처가 나지 않도록 조심히 제거한다.

줄기를 재차 자른다

뿌리가 있는 식물체에서 잘라진 절화는 증산작용에 의해서 수분 증발이 계속되나 물에 담그지 않은 상태에서 유통되어 절화 줄기의 도관에는 공기가 들어가게 된다. 이처럼 도관에 공기가 들어 있으면 물통의 물을 줄기 위까지 끌어올리는 힘이 없어져 시들기 마련이다.

이와 같은 경우는 공기가 들어 있는 부분을 물속에서 잘라버리고 도관의 상승주를 수분과 직접 연결시키면(줄기의 물속 절단) 기포 침입이 방지되어 흡수가 촉진된다. 장미의 꽃목이 굽는 현상(bent neck)은 수분 결핍에 의한 것이며, 이때 물속에서 줄기를 다시 절단한 후 신문지 등에 말아서 물에 꽂으면 회복되는 경우가 많다. 물속 자르기를 할 때 물은 온수(20~40℃)를 사용하는 것이 좋은데, 차가운 물에서 줄기를 자르면 도관이 수축되어 물오름이 나빠지기 때문이다.

한편 수송된 꽃의 절구는 오랫동안 공기 중에 노출됨으로써 곰팡이나 박테리아에 오염되어 도관이 막히는 경우도 있다. 그러므로 구입한 꽃들은 줄기 아랫부분의 잎을 따낸 다음 줄기 끝을 잘라버리고 물통에 꽂으면 도관이 신선해져 물오름이 쉽게 된다.

약물처리를 한다

박하류나 알코올 또는 초산 등의 화학약품에 절화의 기부를 처리하는 방법으로, 세포를 자극하고 흡수력을 증진시킬 뿐만 아니라 살균 효과도 겸한다. 그러나 이 방법들은 꽃집 입장에서 보면 처리 방법이 번거롭고 선택성이 강하기 때문에 현실성이 없다. 그러므로 자재상에서 판매하는 절화 수명 연장제를 구입하여 물에 탄 후 꽃을 꽂는 것이 좋다.

꽃에 물을 뿌려준다

구입한 꽃이 눈에 띄게 시들어 있다면 꽃을 옆으로 펼쳐놓고 물을 뿌려서 잎이 물에 충분히 젖게 한 다음, 물통에 꽂아둔다. 또 꽃을 아래로 향하게 들고 줄기의 끝 부분으로부터 물을 뿌려준다. 그러면 자른 부위에 물의 압력이 생겨 물이 식물 체내로 들어가며, 잎의 먼지를 제거시켜 호흡작용을 활발하게 한다. 이렇게 한 후 꽃과 잎을 신문지 등으로 감싸 물에 꽂으면 잎에서의 증산을 억제시켜 빨리 소생한다.

줄기 끝을 열탕처리한다

절화 줄기의 기부를 80~100℃ 물에 약 1~2분간 담갔다가 꺼내 차가운 물속으로 옮기는 방법이다. 이 방법은 열탕처리에 의해 줄기 안의 수분이 증가

되어 팽창하기 때문에 그 압력으로 물오름이 좋아진다. 동시에 자른 부위의 양분은 소실되므로 박테리아의 접근을 방지한다.

주로 국화, 안개꽃, 달리아 등의 절화에서 많이 이용되며 열탕처리 시 열에 의해 꽃이 피해를 입는 경우가 있으므로 상부의 꽃과 잎은 신문지 등으로 싸서 처리하는 게 좋다. 현실적으로는 생산자 측에서 열탕처리를 한 후 출하하기 때문에 꽃집에서는 할 필요가 없지만, 열탕처리한 줄기 끝을 잘라내서 꽃이 시들거나 열탕처리가 안 된 꽃을 구입했을 때는 꽃집에서도 해야 한다.

물통에 꽂는다

물을 공급해주기 위해 물통에 꽂는다. 이때 용기는 박테리아나 세균이 없는 깨끗한 것을 사용한다. 사용했던 물통은 사용 전에 중성세제나 락스를 조금 사용하여 살균하고 깨끗이 헹군다. 물통에 꽃을 꽂을 때는 다른 종류를 섞어서 꽂으면 수명이 짧아지므로 한 종류만 꽂는다.

한 종류를 꽂되 하나의 통에 너무 많이 꽂으면 박테리아의 증식도 빠르고 에틸렌가스가 머물기 쉬우므로 꽃을 적당히 꽂아 통기를 좋게 한다. 물통에 꽂은 꽃은 가능한 서늘하고 직사광선이 쪼이지 않는, 습도가 60~70% 되는 곳에 둔다.

절화의 신선도 유지 및 관리

절화는 식물 생리 입장에서 보면 모체에서 잘리는 순간 가사 상태에 있다고 생각해도 무방하다. 따라서 그대로 방치해두면 자연히 시들어가는 것으로 이것에 어떤 처리나 관리를 하여 싱싱함을 오래 유지하는 것이 인간의 의지이며 꽃집의 역할이라고 할 수 있다. 여기에서는 꽃집에서 쉽게 행할 수 있는 절화의 수명 유지와 신선도 유지 대책에 대해 소개한다.

물을 자주 갈아준다

꽃을 오래가게 하기 위해서는 물올리기를 확실히 하는 것이 중요하다. 이것은 앞에서 서술했던 것처럼 뿌리가 땅속에 있어 수분이나 양분을 도관과 사관을 통하여 식물 전체로 보내고 각각의 기능이 정상적으로 활동할 수 있는 것과 같은 의미를 가지고 있다.

가장 먼저 필요한 것은 물을 갈아주는 일이다. 예를 들어 여름과 같이 더울 때는 글라디올러스나 달리아, 거베라 등을 물에 담가놓으면 하루 만에 박테리아가 많이 발생하여 물이 썩고, 줄기의 도관이 막혀 쉽게 썩게 된다. 그러므로 물론 꽃의 종류나 양에 따라 다르겠지만 신선한 물을 자주 갈아주는 것도 잊어서는 안 된다.

물은 미생물의 번식을 억제하기 위해 산성용액으로 40℃ 정도를 유지하는 것이 물올림과 수분전도도의 향상에 알맞다. 또 물을 바꾸고자 할 때에는 줄기를 조금씩 잘라주는 것도 중요한데, 이때 가위는 소독하여 사용한다. 물통은 중성세제나 락스를 조금 사용하여 살균한 뒤 깨끗이 헹군다.

보통 하루에 한 번씩 갈아주나 냉방 장치가 되어 있거나 절화 수명 연장제를 사용하고 있는 꽃집에서는 너무 자주 물을 갈아주면 줄기나 잎이 상처를 입게 되므로 2일에 1회 또는 3일에 1회 정도 물을 갈아주는 것이 좋다.

가능한 온도가 낮은 곳에 둔다

꽃은 가능한 온도가 낮은 곳에 두는 것이 좋다. 왜냐하면 온도가 낮으므로 물이 쉽게 썩지 않기 때문이다. 그와 함께 꽃의 호흡이 느슨하게 이루어지므로 에너지의 소비가 적게 되어 그만큼 꽃의 수명이 길어진다. 예를 들어 같은 꽃을 방, 응접실, 현관, 화장실에 놓아두었을 때 수명이 가장 긴 것은 비교적 기온이 낮은 현관이나 화장실에 둔 꽃이다. 그러나 아무리 시원한 곳이 좋다고 해도 에어컨 바람이 나오는 곳에 꽃을 두는 것은 좋지 않다. 이럴 경우, 바람이 직접 닿아 식물의 수분 증산작용을 빠르게 하여 물 공급을 정지하는 상태가 되기 때문이다. 그러므로 꽃집에서는 꽃 전용 냉장고를 준비해 이용하는 것이 좋다〈그림 7-3〉.

물통에 물을 많이 넣는다

꽃집에서는 물통 하나에 꽃을 100개 혹은 200개까지도 꽂아두는데, 이것은 곧 줄기 1개가 물통에 들어 있는 것에 비해 100배 혹은 200배나 더 세균 번식이 심하다고 할 수 있다. 물을 빨아올리는 양 역시 100배, 200배가 되어 물의 감소도 그만큼 빨라진다. 따라서 새로운 물을 흠뻑 공급해주는 것이 중요하다. 단, 창포, 아이리스, 글라디올러스, 나리 등은 물올림이 너무 잘 되어 꽃이 곧바로 피기 때문에 물을 조금만 넣어둔다.

그림 7–3
꽃 보관 전용 냉장고.

에틸렌가스의 발생을 억제한다

과거에는 에틸렌가스가 크게 주목받지 못했지만 최근에는 연구가 활발해지고 있다. 꽃집에서는 절화의 신선도 및 수명 유지를 위해 에틸렌가스의 발생 방지에 신경 쓰지 않으면 안 되게 되었다. 에틸렌가스는 절화 자체에서 발생되는 것으로 꽃이 많고 온도가 높은 경우, 또는 밀폐되었을 때 발생률이 높아져 절화의 노화를 유발시키거나 흡수량을 감소시켜 수명을 짧게 만든다.

따라서 꽃은 공기가 잘 통하게 놓고 온도는 가능한 낮추는 것이 좋다. 특히 카네이션의 경우, 에틸렌에 민감해 낮은 농도의 에틸렌 때문에도 꽃잎이 수분을 잃어 안쪽으로 말리며 쉽게 시든다. 반면에 국화는 다소 둔감하나 에틸렌을 많이 방출하므로 카네이션처럼 에틸렌에 민감한 꽃과는 떼어놓는 것이 좋다. 또 꽃집 내에 있는 난방연료의 불완전 연소로 인한 에틸렌가스의 발생 및 자동차 배기가스에 포함된 에틸렌가스도 주의가 필요하다.

이외에도 과일은 에틸렌가스가 발생하기 쉬우므로 꽃과 가까이 두지 말고 꽃 냉장고에도 꽃과 과일을 함께 넣지 않도록 주의한다. 특히 사과의 경우는 에틸렌가스가 쉽게 발생하여 참다래 등을 빨리 숙성시킬 정도이므로 꽃 근처에는 절대 두지 말아야 한다.

절화의 개화 속도와 꽃 냉장고의 이용

절화의 개화 속도 조절

꽃집에서 장미처럼 꽃봉오리 상태이거나 약간만 핀 상태에서 판매하고 이용하는 절화는 신선도를 유지하면서도 개화 속도를 늦추는 것이 좋다. 개화 속도가 늦을수록 꽃집에서 판매하거나 이용할 수 있는 기간이 길어지기 때문이다. 반면 근조용으로 사용하는 국화나 카네이션 등 만개한 상태로 이용되거나 개화 후에도 오랫동안 이용할 수 있는 꽃들, 그리고 만개한 상태로 행사에 이용되는 꽃들은 적은 양으로도 풍성하게 디자인할 수 있는 점에서 좋다.

이렇게 개화 속도는 꽃의 종류와 사용 목적에 따라 달라지므로, 꽃집의 상황에 따라 개화 속도를 조절해야 한다. 일반적으로 개화 속도는 온도가 높을수록 촉진되고 낮을수록 지연되기 때문에 장미 같은 꽃은 꽃 냉장고에 넣어놓고 대국은 밖에서 개화를 촉진시키다가 만개가 되면 꽃 냉장고에 넣는 것이 좋다.

꽃 냉장고의 이용

절화는 온도가 높으면 개화 속도가 빨라지고 신선도가 쉽게 떨어진다. 여름의 경우 꽃 냉장고에 넣지 않은 장미는 하루 만에 만개가 될 정도로 개화속도가 빨라 대부분의 꽃집에서는 꽃 냉장고를 구비해놓고 보관하고 있다. 이렇듯 꽃 냉장고를 이용해 꽃을 보관하는 저온저장(cold storage)은 절화를 저온에서 보관함으로써 식물체의 호흡과 증산량을 저하시켜 신선도를 유지하는 방법이다.

꽃집에서 꽃 냉장고는 절화의 보관 외에도 꽃바구니 등의 상품을 보관과 동시에 진열하는 측면에서도 활용하고 있다. 어느 경우이든 일반적인 절화는 2~3℃ 정도, 극락조화와 용담은 8~9℃에 보관하는 것이 좋고, 열대식물이나 난은 11~15℃가 좋다. 그러나 일반적으로 꽃집에서는 꽃 냉장고에 여러 가지 절화를 한꺼번에 넣어 이용하므로 꽃 냉장고 온도를 6~15℃ 사이로 맞추는 것이 좋다.

한편, 꽃 냉장고에 꽃을 보관할 때 암흑 상태로 두면 스프레이국화, 스타티스, 나리, 데이지, 달리아, 스토크 등은 잎이 노랗게 되므로 빛이 부족한 곳에서는 조명등을 밝게 해준다. 또 꽃 냉장고에 장기간 보관한 꽃을 외부로 꺼내 놓으면 꽃의 색깔이 변하고, 저장하지 않은 것보다 더 빨리 피고 시든다. 이러한 현상은 꽃 냉장고와 외부의 온도 차이에 의한 것으로, 일반적으로 봄, 가을, 겨울에는 외부 온도와 꽃 냉장고 온도 차를 10℃로, 여름철에는 약 15℃ 정도로 설정하여 사용하는 것이 좋다. 즉 여름철 밖의 온도는 30~34℃를 오르내리므로 꽃 냉장고 온도는 13~15℃로 설정하여 사용해야 한다.

꽃잎에 생기는 곰팡이 원인과 대책

절화는 물오름의 좋고 나쁨, 개화 속도의 빠르고 늦음 외에 꽃시장이나 여름철 꽃 냉장고에 보관해놓은 꽃에 간혹 잿빛 곰팡이가 생겨 순식간에 많은 꽃들이 부패되는 문제점이 있다. 이 잿빛 곰팡이는 저온과 높은 습도에서 매우 빠르게 번식하므로 부패된 꽃과 줄기는 빨리 없애고 습도를 낮춰야 한다.

여름철에 냉장고 속에 보관하는 꽃에 잿빛 곰팡이가 생기는 것은 꽃 냉장고를 오랫동안 사용하여 내부에 습기가 많이 발생했기 때문이다. 냉각기에 부착된 물받이의 물 빠짐 구멍이 막혔다든지 물받이에 많은 물이 항상 고여 있어 곰팡이가 발생하고, 결국 꽃을 버리게 되는 경우가 많다.

이런 현상을 없애기 위해서는 꽃 냉장고의 물 빠짐 호스가 꺾여 있거나 물 호스가 막혀 있지는 않은지 수시로 확인해야 한다. 냉각기의 물받이 물 빠짐 구멍이 높아서 물이 빠지지 않을 수도 있으므로 꽃 냉장고 쇼케이스가 설치되어 있는 바닥 면이 평행을 이루고 있는지 확인하고 대책을 세우도록 한다.

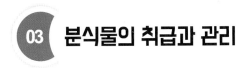

03 분식물의 취급과 관리

물, 광 및 온도 관리

물 관리

꽃집에서 화분식물을 관리할 때 가장 많은 관리가 필요한 것이 바로 물주기이다. 물주기를 단순히 물만 주면 되는 것처럼 생각하는 경영주들도 있는데 '물주기 3년'이라는 말이 있을 정도로 물주기는 식물의 생존과 생육에 중요하므로 최소한 물 주는 요령에 대한 기본적인 상식을 익혀두어야 한다.

① 물을 주지 않으면 반드시 시든다.

화분에 심은 식물은 흙이 적어 외부에서 수분이 공급되지 않으면 말라죽는다. 물을 주면 화분 속의 오래된 공기가 바깥으로 배출되고, 새 공기가 안에 들어가 식물의 호흡을 원활하게 하는 효과도 있다. 그러므로 물과 공기를 공급해주는 소중한 역할을 하는 물주기를 항상 잊지 않도록 한다.

② 흙의 표면이 말랐을 때는 물을 준다.

꽃집 경영주 중에는 매일 기계적으로 화분에 물을 주는 사람이 있는데, 화분흙의 표면이 마르기 시작할 때 주는 것이 좋다. 화분흙의 마르는 정도는 식물의 종류나 화분의 재질에 따라 다르다. 물은 화분 바닥에서 물이 흘러나올 정도로 주는 것이 좋다.

③ 물을 주는 간격은 계절에 따라 다르다.

봄, 가을은 식물의 성장이 왕성하므로 물을 자주 줘야 한다. 봄에는 가을철보다 빈번하게, 2~3일에 한 번 정도로 물을 준다. 여름은 건조한 계절로, 오전에 기온이 오르기 전에 물을 듬뿍 주는데 하루 1~2회 정도가 좋다. 겨울은 식물의 휴면기이거나 그와 비슷한 상태이다. 기온이 비교적 높은 낮에 물을 주는데, 4~7일에 한 번이 좋다. 하지만 개화 중인 꽃이나 알뿌리 화초는 봄과 마찬가지로 2~3일에 한 번씩 물을 준다.

④ 공중 습도를 유지하려면 잎을 씻어주거나 분무를 한다.

잎을 씻어주거나 분무를 해주면 식물이 싱싱하게 보여 관상 가치가 높아지는 이점 외에도 실내의 건조한 공기를 융화해 습도를 높여줄 수 있다. 특히 잎에 먼지가 부착되었을 때 물을 뿌려주거나 분무해주면 더러움이 씻기기도 하고 진드기나 기타 해충 방제에도 도움이 된다. 필로덴드론, 크로톤, 디펜바키아, 알로카시아, 몬스테라, 네프롤레피스, 피토니아 등은 상대습도를 70~80% 정도로 유지하는 것이 좋으므로 가끔씩 잎에 분무를 해주는 것이 좋다.

⑤ 화분식물을 둔 곳에 따라 물을 다르게 준다.

같은 화분식물이라도 꽃집 바깥이나 안쪽에 두는 것, 출입구 가까이에 두는 것에 따라 화분흙의 건조 속도가 다르다. 그러므로 이를 고려해야 하는데, 일반적으로 점포 바깥쪽, 출입구 쪽에 둔 것이 빨리 건조하므로 자주 물을 준다. 또 스킨답서스나 달개비처럼 벽이나 공중에 걸어둔 것은 상대적으로 빨리 건조하므로 물 관리에 신경 쓴다.

햇볕 관리

식물에게 광(光)은 탄소동화작용과 생육에 없어서는 안 될 중요한 환경 요인이지만, 식물에 따라서 요구도가 다르다. 어떤 식물은 햇볕이 바로 쪼이는 곳에 두면 잎이 타서 상품 가치가 떨어지고, 또 어떤 식물은 그늘에 두면 잎이 노랗게 떨어지거나 너무 웃자라서 상품 가치가 떨어진다. 그러므로 식물의 특성에 따라 적당한 광 관리를 해주어야 한다.

① 햇볕이 들어오는 곳에서 관리하면 좋은 식물

가지마루, 고무나무, 극락조화, 도꾸리란, 벤자민고무나무, 부겐빌레아, 산세베리아, 아라우카리아, 알로에, 제브리나, 종려, 칼라디움, 크로톤, 하와이무궁화, 헬리코니아.

② 햇볕이 있는 곳이나 그늘에서도 잘 적응하는 식물

네오겔리아, 러브체인, 세네기오, 시수스, 아스파라거스, 아이비, 접란, 파키라, 포인세티아, 필레아, 행운목, 홍콩야자.

③ 반그늘에 두고 관리하면 좋은 식물

관음죽, 구즈마니아마그니피카, 대극도, 디펜바키아, 레프롤레피스, 마란타, 몬스테라, 스파티필럼, 싱고니움, 아디안텀, 안스리움, 알로카시아, 에크메아, 종려죽, 켄차야자, 코르딜리네, 테이블야자, 틸란드시아이오난사, 페페로미아, 프테리스, 필로덴드론, 호야, 피토니아.

온도 관리

온도는 식물의 광합성작용, 호흡작용, 증산작용에 직접적으로 영향을 미치는 요인이다. 일반적으로 식물이 생육할 수 있는 온도 범위는 10~40℃이지만 열대 관엽식물이 생육하기에 알맞은 온도는 25℃ 내외이고, 온대지방산 식물의 경우에는 15~23℃, 한대지방산 식물의 경우는 10~15℃이다.

꽃집에서는 생육 적온보다 겨울 저온에 의해 식물이 죽거나 잎이 떨어져 버리는 현상, 여름의 고온에 의해 식물이 웃자라고 쇠약해져 상품 가치가 극도로 떨어지는 것이 가장 큰 문제이다. 그러므로 온도에 따른 생육형과 함께 식물의 종류별 월동 가능온도를 알아둔 후 대책을 세워야 한다.

① 주요 식물의 온도에 따른 생육형

• 저온생육형(18℃)

꽃치자나무, 남천, 네프롤레피스, 맥문동, 백량금, 아라우카리아, 아이비, 자금우, 팔손이 등.

• 고온생육형(24℃)

고무나무류, 디펜바키아, 베고니아, 스파티필럼, 아스파라거스, 야자류, 칼라데아인시그니즈, 콜레우스, 크로톤, 페페로미아, 필로덴드론, 피토니아 등.

② 주요 식물의 월동 가능온도

• 0℃ 이상 유지해주어야 하는 식물

고무나무, 극락조화, 소철, 도꾸리란, 몬스테라, 아라우카리아, 아스파라거스, 아이비, 알로에, 유카, 접란, 코르딜리네, 홍콩야자 등.

• 3℃ 이상 유지해주어야 하는 식물

관음죽, 러브체인, 베고니아, 부겐빌레아, 세네기오, 스파티필럼, 시수스, 아디안텀, 제브리나, 종려죽, 파키라 등.

- 5℃ 이상 유지해주어야 하는 식물

가지마루, 군자란, 벤자민고무나무, 스킨답서스, 아펠란드라, 에크메아, 크로톤, 틸란드시아, 포인세티아, 필로덴드론, 하와이무궁화, 호야 등.

- 8℃ 이상 유지해주어야 하는 식물

구즈마니아마그니피카, 드라세나 종류 및 행운목, 싱고니움, 헬리코니아 등.

- 10℃ 이상 유지해주어야 하는 식물

디펜바키아, 마란타, 안스리움, 야자류, 칼라디움, 피토니아 등.

- 12℃ 이상 유지해주어야 하는 식물

칼라데아인시그니즈.

- 15℃ 이상 유지해주어야 하는 식물

산세베리아.

비료와 병충해 관리

비료 관리

꽃집은 화분식물을 재배, 관리하면서 가꾸는 곳이 아니라 상품을 진열하여 판매하는 곳이므로 비료 주기는 사실상 필요 없다. 그러나 회전율이 낮아 꽃집에 장기간 있는 재고 상품의 상품 가치를 높이고자 할 때는 비료를 주어야 한다.

① 봄이나 여름에 주는 것이 좋다.

주로 생육기인 봄이나 여름에 주는 것이 좋다. 관엽식물의 경우 보통 겨울에는 별로 생육하지 않기 때문에 비료도 거의 줄 필요 없다. 저온에 강한 종류나 겨울에 충분히 보온할 수 있는 경우에는 겨울에도 비료를 주지만 온도 부족으로 생육하지 않는 경우는 주지 않는다.

② 비료의 종류는 식물의 상태를 보아가며 결정한다.

식물의 상태가 극히 좋지 않을 때나 짙은 농도의 비료는 식물이 흡수하지 못하고, 오히려 식물을 상하게 할 수 있으므로 주의해야 한다. 뿌리가 튼튼한데도 잎 색깔이 나빠지면 알갱이 모양으로 된 비료를 화분 크기에 따라 몇 개씩 올려놓는다. 식물의 뿌리 상태와 잎 색깔이 좋지 않은 경우에는 낮은 농도의 비료를 잎에 분무해준다.

병충해 관리

화분식물은 구입할 때 깨끗했다면 웬만큼 나쁜 환경에 두어도 금방 병충해에 감염되지 않는다. 그러므로 구입할 때 잎이나 줄기의 앞뒤에 벌레가 있지 않은지, 또 색깔이 불규칙하진 않은지를 보아야 한다. 잎을 밝은 곳에 비춰봤을 때 얼룩얼룩한 것은 틀림없이 병에 오염된 식물이다.

깨끗한 식물을 구입해왔는데도 병충해에 감염된 것은 점포에 오래 둔 식물일 경우가 많은데, 원인에 따라 물 샤워하기, 병충해약 주기, 분갈이, 비료 주기 등을 해주어야 한다.

① 병충해는 예방이 최선의 방법이다.

화분식물에 많이 발생하는 병충해는 진딧물류, 깍지벌레류, 그을음병 등인데, 이것들은 통풍이 잘되고 시원한 곳, 습도가 너무 건조하거나 높지 않은 곳에서 식물을 재배하면 충분히 예방할 수 있는 것들이다.

② 발생 초기에는 잎을 제거한다.

병충해는 보통 발생 초기에는 1~2장의 잎에서 발견되므로, 이때 잎이나 가지를 제거한다.

③ 약제를 살포한다.

최근 다양한 종류의 가정원예 약제가 시판되고 있으므로 이를 구입해서 살포한다.

분화 및 관엽식물의 관리

분화식물의 취급과 관리

꽃집에서 분화식물은 취급 비율이 절화나 관엽식물에 비해 상대적으로 적은 편이다. 분화식물을 관리할 때는 대부분 햇볕이 직접 내리비치는 곳에 두는 것이 좋다(꽃이 피었을 때는 반그늘 상태에서 관리하는 것이 좋다). 온도는 가능한 15~18℃ 정도로 맞춰야 하는데, 25℃ 이상에서는 꽃과 잎이 빨리 노화되기 때문이다. 튤립, 히아신스, 크로커스 등의 구근류 식물은 개화 기간이 얼마 되지 않으므로 보존 기간을 연장시키기 위해서는 꽃 냉장고에 보관하는 것도 효과적이다. 간혹 햇볕을 쪼이기 위해 꽃집 밖으로 내놓는 경우도 많은데 이른 봄이나 겨울에는 저온 피해로 식물이 얼어버리는 경우도 있으므로 조심해야 한다.

관엽식물에서 발생하기 쉬운 문제점과 대응책

꽃집에서 관엽식물을 구입한 후 곧바로 판매하면 문제가 없겠지만 일정 기간 동안 두면 상품에 문제가 발생하는 경우가 있으므로 이에 대한 대책이 필요하다. 다음은 꽃집에서 일반적으로 취급하는 관엽식물에서 발생하기 쉬운 문제점과 대책이다.

① 관음죽의 잎 끝이 말라간다.

관음죽은 키우기가 쉬워 많은 가정이나 사무실에서 가꾸는 식물인데, 간혹 잎 끝이나 1~2포기가 마른 것을 볼 수 있다. 건조해져서 그런 경우가 제일 많으므로 물이나 습도 관리를 잘해야 한다. 또 바람이 많이 통과하는 곳이나 햇볕이 강한 장소에서도 종종 이런 경우가 있으므로 유의해야 한다.

② 스파티필럼이 잎은 무성한데 꽃이 피지 않는다.

광선 부족이 원인이다. 스파티필럼은 강한 햇빛을 좋아하지 않고, 그늘에서도 잘 자라기 때문에 그늘에서 키우는 경우가 많다. 그런데 스파티필럼은 어느 정도 햇빛이 있어야 꽃을 피운다. 그러므로 밝은 빛이 들어오는 반음지에 두고 길러야 한다.

③ 아래 잎이 빨리 떨어진다.

관엽식물에서 흔히 볼 수 있는 현상으로 아래 잎이 떨어져 버리면 볼품없어 보인다. 그러므로 그 원인을 파악하여 예방하고 발생했을 때는 대책을 세워야 한다. 관엽식물에서 아래 잎이 떨어지는 주요 원인과 대책을 살펴보면 다음과 같다.

- 온도가 낮다.

  고온을 좋아하는 식물의 경우 겨울에 잎이 떨어지는 것은 저온이 원인인 경우가 많으므로 온도를 높여주어야 한다.

- 물을 너무 많이 주고 있다.

  잎과 뿌리에 수분이 많은 식물은 물을 많이 주면 아래 잎이 떨어지므로 유의해야 한다. 만약 아래 잎이 떨어지고 있다면 물빠짐이 좋은 흙으로 분갈이를 하고, 물 주는 횟수를 줄여야 한다.

- 너무 건조하게 관리하고 있다.

  물 주는 횟수가 너무 적거나 물을 주어도 화분흙 속까지 물이 충분히 들어가지 않게 주면 식물의 가는 뿌리가 말라죽거나 스트레스를 받아 아래 잎이 떨어지기 쉽다.

- 습도가 부족하다.

  고사리류처럼 높은 습도를 좋아하고 잎이 얇은 관엽식물류는 습도가 부족하면 잎이 마르기 쉬우므로 자주 분무를 해주도록 한다.

- 햇볕이 부족하다.

  햇볕을 좋아하는 식물을 그늘에 일주일 이상 두면 잎이 떨어지기 쉬우므로 햇볕을 쪼일 수 있도록 한다.

④ 흙이 마르지 않고 식물에 생기가 없다.

식물의 생육이 좋을수록 화분의 흙은 빨리 마른다. 그러므로 화분의 흙이 잘 마르지 않는 것은 식물이 물을 제대로 흡수하지 못한 것으로 해석할 수 있다. 식물이 물을 제대로 흡수하지 못하는 경우는 뿌리가 썩었거나 저온, 다습을 원인으로 들 수 있다. 뿌리가 썩은 경우는 다른 식물에 비해 화분흙이 마르지 않는데, 이때는 흙을 파헤쳐 뿌리 부분을 확인한 후 썩는 것이 진행되고 있다면 거름기가 없고 물이 잘 빠지는 모래 등에 옮겨 심는다.

큰 식물인 경우는 뿌리가 썩어도 쉽게 시들거나 죽지 않는데, 이는 줄기 내에 있는 수분이나 영양분으로 한동안 살기 때문이다. 그러므로 만일 큰 식물이 흙이 마르지 않고 잎에 생기가 없다면 뿌리에 이상이 있는지를 살펴보고 이상이 있다면 물 주는 횟수를 줄이거나 분갈이를 해준다.

⑤ 물이 잘 빠지지 않는다.

물빠짐이 좋지 않은 흙을 화분용 흙으로 사용했거나 분 속에 뿌리가 가득 차 있는 경우에 그렇다. 이 경우는 물을 주어도 물이 빠지지 않기 때문에 아래의 뿌리가 물 부족으로 말라 죽기 쉽고 그로 인해 잎 끝도 다갈색으로 변하거나 시들게 된다. 이럴 때는 분갈이를 해주거나 막대 등으로 물이 들어갈 수 있도록 찔러준다.

⑥ 아래 잎이 떨어져 보기 흉하다.

줄기의 아래쪽 잎이 떨어져 보기 흉한 것은 잎이 있는 부분을 공중떼기(취목)하거나 꺾꽂이하여 새 그루를 마련한다. 어미그루는 분갈이를 해두면 새로운 싹이 나와 가지를 형성하여 아담하게 되므로 다시 아름다운 모양의 식물로 만들 수 있다.

⑦ 잎이 갑자기 누렇게 되면서 떨어져 버린다.

불규칙한 물주기, 건조 등 다양한 원인이 있으나 대표적인 원인은 햇볕이 쪼이는 밝은 곳에서 재배하던 식물을 어두운 실내로 들여놓았거나 급격한 온도 변화에 의한 것이다. 특히 벤자민고무나무의 경우는 밝은 곳에 있던 것을 갑자기 어두운 실내로 들여놓게 되면 잎이 누렇게 되면서 떨어지기 쉽다. 그러므로 환경 조건을 바꿀 때는 환경 변화에 잘 적응할 수 있도록 서서히 바꾸도록 한다.

⑧ 식물이 웃자라며 식물의 세력이 약해진다.

일조 부족이 대표적인 원인이다. 잎에 무늬가 있는 식물은 일조 부족일 경우 무늬가 점점 없어지고 잎이 생기가 없어지며 줄기가 웃자라게 된다. 이때는 서서히 햇볕에 순응시켜 나가면서 식물이 햇볕을 충분히 받도록 한다. 특히 파키라처럼 웃자란 것은 장마가 오기 전에 줄기를 잘라두어 싹을 틔운다.

⑨ 벤자민고무나무 잎이 자꾸 떨어진다.

광선 부족, 물 부족이 가장 큰 원인이다. 벤자민고무나무는 원래 광선을 좋아하는 식물이지만 그늘에서도 잘 자라기 때문에 실내 식물로 인기가 있다. 그러나 그늘에서 잘 자란다고 해서 어두운 장소에만 놓아두면 안 된다. 어두운 장소에 오랫동안 놓아두면 잎이 떨어지고, 안쪽 가지들이 말라죽기 때문에 창가의 밝은 장소로 옮겨주는 것이 좋다(단 밝은 곳에서 어두운 곳으로, 어두운 곳에서 밝은 곳으로 갑자기 옮기게 되면 스트레스를 받아 잎이 떨어지므로 빛의 양을 조금씩 늘리거나 줄여가면서 옮겨주는 것이 좋다). 벤자민고무나무는 건조에는 어느 정도 강하지만 심하게 건조되면 낙엽이 지거나 작은 가지들이 마르게 된다. 반대로 물이 많아도 같은 결과를 나타낸다.

물은 화분의 흙이 조금 마른 듯할 때 주는 것이 좋다. 만약 벤자민고무나무의 아래 잎이 떨어져 볼품이 없어지면 줄기와 뿌리 일부분을 자른 다음 심어두면 싹이 빨리 나오고 싹의 세력이 강하게 된다.

⑩ 골드크레스트(율마)의 잎이 바삭바삭 말라간다.

건조나 냉방기의 냉기에 의한 것이다. 골드크레스트는 침엽수이므로 물이 끊기면 잎이 바삭바삭하게 되어 재생이 어렵다. 그러므로 화분의 흙이 건조하지 않도록 물 관리에 항상 유의해야 한다. 냉방기에 의한 경우는 일부분만 말라지므로 재생이 가능하지만 나무 모양이 보기 싫어지므로 새롭게 수형을 생각하며 전정한다.

⑪ 테이블야자와 켄차야자를 실외에 두었더니 잎이 하얗게 되고 말았다.

잎이 탔거나 진딧물이 원인이다. 반음지를 좋아하는 테이블야자는 내음성이 강하여 그린 인테리어용으로 적합하다. 이 식물을 광선이 강한 장소에 두면 잎이 타서 하얗게 되어버린다. 광선이 약한 장소에서 하얗게 변해버린 경우는 진딧물에 의한 피해이다. 진딧물은 잎 뒤쪽에 발생하기 쉽고 잎의 즙액을 빨아먹은 흔적이 하얗게 변하기 때문이다.

⑫ 행운목의 잎 색깔이 안 좋아 보이고 생육도 나쁘다.

뿌리가 썩은 것이 원인이다. 행운목은 외국에서 수입하여 화분에 심어서 판매하는 식물이다. 이 식물은 뿌리가 없어도 나무 자체에 많은 양분을 함유하고 있어 싹이 자라난 다음 뿌리가 자라므로 잎이 나왔다고 해서 뿌리가 많이 있는 것은 아니다. 따라서 잎 색깔이 나쁘게 된 것은 잎이 나온 뒤에도 뿌리가 뻗지 않았거나 절단 부위의 줄기가 썩었기 때문이므로 심한 것은 줄기

166

를 뽑아 물 빠짐이 좋은 흙에 다시 심고 과습되지 않도록 한다.

⑬ 얼어 죽거나 빛에 잎이 탄다.

저온에 약한 식물은 겨울에 온도가 낮으면 얼어 죽고, 그늘에 강한 식물은 직사광선이 쪼이는 곳에 두거나 여름에 밖에 두었을 때 잎이 탄다. 따라서 식물별로 창가에 두어야 할 것, 안쪽에 두어야 할 것, 그늘에 두어야 할 것, 밝은 곳에 두어야 할 것을 파악해서 관리한다.

난의 취급과 관리

동양란의 일반적 특징

꽃집에서 동양란 상품을 관리할 때 가장 문제가 되는 점은 여름에 꽃의 수명이 짧아져서 꽃이 핀 상품을 갖춰놓아도 금방 시들어버린다는 것이다. 이때는 꽃 냉장고에 넣으면 오래 보관할 수 있다. 동양란의 재배는 다음과 같이 세엽계(춘란류), 광엽계(보세란, 한란), 하란(건란, 소심란, 옥화란)으로 분류하여 특징을 살펴볼 수 있다.

① 세엽계

세엽계인 춘란류는 잎의 양보다 뿌리의 양이 많고 굵기 때문에 건조한 곳과 강한 빛을 좋아한다. 가을부터 봄까지(휴면 기간)는 저온상태(8℃)에서 휴면을 하는데, 겨울에 낮 온도가 10℃ 이상으로 상승하게 되면 휴면에서 깨어나 뿌리가 자라고 잎이 생장하여 생식 생장을 억제시키므로 꽃눈이 형성되어 있다 하더라도 마르거나 정상적인 개화를 기대할 수 없다.

② 광엽계

한란과 보세란은 춘란류와는 상반된 성질을 갖고 있는데, 뿌리가 가늘고 수가 적은 반면 잎은 많은 편이어서 생장기 중 물이 마르면 자라지 않는다. 따라서 생장기 중에는 항상 습하게 물 관리를 해야 한다. 중립토와 소립토를 수태로 대체하여 심으면 번식과 생장이 좋아지게 된다. 비교적 약한 광선을 좋아하는 편이나 세력이 좋은 개체의 보세란, 한란은 춘란과 비슷한 광을 유지시켜주면 더욱 좋은 생장을 하게 된다. 겨울 추위는 생식 생장을 억제시키므로 꽃이 정상적으로 개화하지 않으나 번식률은 다소 높아지는 경향을 띤다. 또 습기를 좋아하는데 특히 엽예품은 다습해야 무늬가 잘 나오고 잎의 광택이 살게 된다.

③ 하란

건란, 소심란, 옥화란 등의 하란은 주로 여름 고온기에 꽃이 피므로 겨울 추위를 대단히 싫어한다. 따라서 춘란처럼 차게 기르면 생식 생장이 발달하지 못한다. 특히 철골소심은 꽃이 잘 피지 않는다. 물과 광선은 세엽계와 광엽계의 중간 정도가 좋으나 가을부터 봄까지 저온 상태로 두면 약해져서 바이러스에 쉽게 감염되기 때문에 온도가 낮은 곳에 두지 않는다.

서양란

① 덴파레

덴파레(Denphalae)는 상록성이며 비교적 고온성이고, 정부(頂部)에서 개화하는 것이 특징이다. 현재 시중에서 볼 수 있는 덴파레는 대부분 개량시킨 원예변종이다.

- 생육온도는 25~30℃ 정도이고 최저온도는 13℃ 정도이다.
- 착생란인 관계로 수분을 좋아하나 과습은 피하는 것이 좋다. 화분에서 과습하면 통기가 불량하여 뿌리가 썩게 된다. 한동안 물 공급이 중단되어도 난 특유의 생태상 큰 문제는 없다. 반대로 저온 과습은 절대 금물이다. 화분 표토가 말랐다고 느껴지면 관수한다.
- 여름철에는 60~70% 차광하고 겨울철에는 무차광 처리한다.

② 심비디움

원종은 동남아시아 일대에서 오스트레일리아의 북부가 원산지로 표고 500~1,500m 지대의 고랭지에 착생하고 있다. 야간 온도는 8~10℃ 이상 유지해주고 주간 온도는 30℃가 넘지 않도록 관리해주는 것이 좋다. 광은 30% 정도 차광한다. 화분 속 식재(바크)가 축축할 정도로 유지시켜 주는 것이 좋다.

③ 호접란(팔레놉시스)

팔레놉시스(Phalaenopsis)속은 인도, 대만에서부터 열대 아시아, 오스트레일리아까지 분포한다. 나비가 춤추는 듯한 모양 때문에 '호접란(胡蝶蘭)'이라고도 한다.

- 가급적 18℃(최저 15℃) 이상 유지해야 한다〈그림 7-4〉. 온도가 낮으면 꽃봉오리가 노랗게 되어 떨어져 버리니 주의해야 한다.
- 광 관리는 여름은 70%, 겨울은 30% 정도로 차광하는 것이 무난하다. 광선이 너무 부족하면 꽃 달림이 나빠지고 강하면 잎이 햇볕에 타서 상품

가치가 떨어진다.

- 분갈이 후 2주일 정도는 그늘에서 물을 주지 말고 잎에 분무만 한 후 새 뿌리가 나오면 일반적인 관리를 하면 된다.

- 물주기는 이끼나 식재(바크)가 항상 젖어 있는 상태가 되면 뿌리가 썩기 쉬우므로 약간 건조하게 관리한다.

그림 7-4
호접란은 가급적 18℃ 이상 유지해주는 것이 좋다.

8
Chapter

꽃집의 상품 진열과
연출

01 상품 구성

의의와 꽃집 상품

의의

꽃집에서의 상품 구성은 꽃집 유형과 위치 및 매출과 깊은 관련이 있다. 꽃집 유형과 위치에 따라 잘 판매되는 상품에 차이가 있으므로 이를 염두에 두고 상품을 구성해야 한다. 만일 상품 구성이 잘못되어 고객이 찾는 상품이 없으면 판매 기회를 잃는 것은 물론이고 그 꽃집에는 없는 것이 더 많다는 인식이 심어져 매출 감소로 이어진다. 그렇다고 해서 무조건 이것저것 많은 상품을 구성해놓으면 자본이 많이 들고 점포가 비좁아져 상품의 품질이나 생육에 나쁜 영향을 미치며, 회전율이 낮은 것은 재고 발생률도 높다. 따라서 창업 이전부터 상품 구성에 대해 철저하게 조사하고 공부한 다음, 꽃집의 유형과 운영 방향에 맞게 구성해야만 한다.

꽃집의 상품
① 꽃의 종류에 따른 상품

꽃집의 상품을 꽃의 종류에 따라 구분하면 절화, 관엽식물과 분화류, 난류, 선인장, 허브, 기타가 있다. 절화는 줄기에서 잘린 꽃으로, 생화라고도 한다.

관엽식물은 잎을 관상하는 식물로 업무용으로 많이 이용되며, 분화류는 꽃이 피는 식물로 가정용으로 많이 이용된다. 난류는 동양란과 서양란으로 구분되며 업무용으로 많이 이용된다. 이외에 선인장, 허브, 조화 상품, 화목류, 드라이플라워 등이 있는데 일반 꽃집에서 취급하는 비율은 적은 편이다.

② 이용 형태별 상품

꽃이나 식물을 어떻게 상품으로 만드는가에 따른 구분법이다. 절화는 그 자체로 판매되는 것보다 포장, 디자인 등의 기술력이 더해져 판매된다. 절화를 이용한 주요 상품으로는 꽃다발, 경조화환, 꽃바구니, 꽃목걸이, 꽃박스, 하트 장식 등이 있다.

관엽식물, 분화류 및 난 종류는 화분갈이나 포장 외에는 특별한 가공 없이 판매되는 종류이다. 하지만 관엽식물 소품이나 목본류 등은 수경재배식물, 분재, 분경 등으로 만들어져 판매되고 있는 실정이다.

③ 외판상품과 배달상품

꽃집의 상품에는 외판상품과 배달상품이 있다. 외판상품은 결혼식이나 호텔 꽃 장식처럼 꽃을 가지고 가 현장에서 장식하는 것으로 기술 위주의 상품이다. 배달상품은 대부분 전화나 인터넷 등으로 주문받아 배달하는 상품이다. 이처럼 외판 및 배달상품은 영업 범위가 넓고 임대료가 비싼 번화가가 아닌 곳에서도 얼마든지 매출 확대가 가능하다.

④ 원예 관련 자재

꽃을 가공하는 데 필요한 가위, 꽃병, 포장지, 리본과 가정원예에 필요한 분무기, 농약, 용기, 용토 등이 있는데 꽃집의 매출에는 그다지 큰 영향을 미치지 못하고 있다.

⑤ 기타 상품

꽃집은 비즈니스 장소로서 꽃을 판매하고 있기 때문에 꽃 이외의 것도 꽃집의 상품이 될 수 있다. 실제로도 꽃집에 따라서는 꽃과 함께 다른 상품도 판매하고 있는 실정이다.

상품의 구성 방향

꽃집의 취급 상품별 유형과 상품

우리나라 꽃집에서의 판매품목은 영업 형태에 따라서 꽃다발 등 절화 위주로 판매하는 생화 전문점, 난 종류만 따로 취급하는 꽃집 등 여러 가지 형태가 있으나 일반적으로 종합적인 품목을 판매하는 곳이 80% 이상 된다.

꽃집의 소재지 및 위치와 상품

① 꽃집의 소재지

• 지방의 꽃집

꽃집이 지방에 위치한 경우는 임차료 등이 싼 편이이기 때문에 다양한 상품을 구비해도 매장 생산성은 크게 떨어지지 않는다. 또 비닐하우스 형태의 매장도 짓기 쉬운데, 비닐하우스형 매장은 광이 충분하고 관수, 온도관리가 쉬워 관엽식물이나 난 등 분식물 상품의 재고율도 낮게 된다. 꽃의 소비는 기념일용, 업무용 수요가 많고, 상품은 디자인보다 부피가 큰 것이 다소 선호된다. 따라서 지방의 꽃집에서는 업무용 위주로 소비되는 것 중 부피가 큰 양 위주의 상품으로 구색을 갖추는 게 좋다.

• 대도시의 꽃집

대도시에 위치한 꽃집의 경우, 임차료 등이 비싸고 공간도 좁아 많은 상품을 구비하면 생산성이 떨어지기 쉽고 재고 발생률이 높아진다. 그러므로 수요가 많고 단가가 비싼 품목부터 갖추어놓고 고객들에게 빠른 시간 안에 팔 수 있는 상품 구성이 필요하다. 대도시에서 꽃의 소비는 상당히 일상화가 되어 일상용 수요와 업무용 수요가 공존하며, 상품의 양보다는 질을 추구하는 경향이 강하므로 이에 맞는 상품 구성을 하는 것이 좋다〈그림 8-1〉.

② 꽃집의 위치

꽃집이 시내 상권 중심지, 주택가, 대로변 등 어디에 위치해 있는가에 따라 소비환경이 달라지므로 이를 고려하여 상품을 구성해야 한다.

그림 8-1
도심에 위치한 꽃집에서는 부피가 크지 않고 관리가 용이한 상품 위주로 구색을 갖추는 것이 좋다.

- 시내 중심가 지역

상업공간이나 사무실이 많아 유동고객이 많고, 그에 따라 꽃 소비도 많은 지역이다. 꽃은 꽃다발, 꽃바구니 등 다양한 절화상품과 함께 난, 관엽식물, 분재 등 사랑의 선물용, 업무용 상품이 복합적으로 소비되는 데 비해 매장의 임차료는 비싼 편이다. 따라서 상품 구성은 전문점의 경우 전문 품목을 갖춰놓고 복합매장의 경우도 가능한 상업공간이나 사무실에 장식하기 좋은 것으로 회전이 잘 되고 비싼 품목 위주로 구성하는 게 매장의 생산성을 높일 수 있다.

시내 중심가에서도 사무실이 밀집해 있는 곳은 업무용 수요가 많으므로 그에 맞는 상품 구성을 하는 것이 좋다. 결과적으로 같은 시내라도 상가가 많은 곳, 사무실이 많은 곳 등의 특성을 살펴본 다음 그 지리적 특성에 맞게 상품을 구성한다.

- 주택가 및 아파트 지역

절화상품은 가정용의 저렴한 꽃이나 꽃다발 형태로 주로 소비되지만 전체적인 판매량은 적으므로 품목 비중을 낮추는 게 좋다. 관엽식물은 소·중품이나 덩굴류가 많이 판매되며, 화목류는 철쭉, 서향 등 계절상품이 많이 판매된다. 분화류는 제라늄, 시클라멘, 칼랑코에, 초롱꽃, 꽃베고니아, 아프리칸바이올렛, 허브 등이 많이 소비되므로 가격이 싸고 꽃이 예쁘게 피는 것 위주로 구색을 갖추는 것이 좋다. 이외에 분무기, 용토 등 가정원예용품도 준비해두어야 한다.

- 대로변 및 시 외곽지역

대로변과 시 외곽지역은 차량으로 움직이는 사람이 많으므로 크기나 모양, 색깔 측면에서 눈에 띄는 관상수나 관엽식물의 비중을 높이는 것이 좋다. 절화상품은 위치상 구매 고객이 적으므로 비중을 낮추는 편이 좋다.

임차료가 싼 편이어서 면적이 넓고 주차공간이 마련된 경우가 많아 차를 타고 방문한 사람이 차분히 구매할 수 있으므로 가정용이나 업무용 상품의 종류를 다양하게 구성한다〈그림 8-2〉. 최근에는 체험용 상품이 활성화되고 있기 때문에 절화를 이용한 꽃바구니 제작 체험이나 선인장 심기 체험 상품을 구비하여 활용하면 좋다〈그림 8-3〉. 구매 고객 비율이 시내 중심지에 위치해 있는 곳보다 적으므로 외판상품이나 배달상품의 개발에도 힘써야 할 것이다.

• 기타

대학가는 꽃다발 및 소품 위주로 상품을 구성하는 게 좋고, 산부인과 근처는 꽃바구니 위주로 구성하는 것이 좋다. 마트나 백화점 내의 꽃집은 난, 소·중품 위주의 분식물과 팬시풍의 상품, 조화, 고급스러운 소품들로 구성하는 것이 좋다. 관공서나 회사 부근의 꽃집은 중·대품의 분식물,

그림 8-2
시 외곽지역에 있는 꽃집은 주차가 편리하고 차분하게 식물을 감상하고 고를 수 있기 때문에 가정용 위주의 상품을 갖추고 있는 것이 좋다.

그림 8-3
시 외곽지역에 있는 꽃집에서 활용하고 있는 체험 상품.

분재, 꽃다발, 꽃바구니 등으로 구성하는 것이 좋다. 장례식장 앞은 장의용 꽃 위주로 구성하는 것이 좋다. 이렇듯 꽃집의 위치는 상품과 밀접한 관련이 있으므로 창업 시 이를 감안하여 판매품목 계획을 세워야 한다.

판매 방법과 상품

① 대면판매

방문구매 고객 위주로 상품을 판매하는 꽃집의 상품 구성은 꽃집의 위치와 유형, 방문하는 고객층에 의해 많이 좌우된다. 고객이 매장을 직접 방문하여 구매하므로 다양한 종류와 질의 상품을 갖추어놓아 고객의 선택 폭을 넓혀주어야 한다. 분식물은 꽃집 유형이나 위치에 맞는 품목으로 풍부하게 구비해놓고 절화는 상황에 따라 꽃다발, 꽃바구니 등 일부 상품을 제작해놓는다. 아울러 절화의 각 상품별 사진을 매장 내에 부착하거나 카탈로그를 마련해두어 완성된 상품을 보고 선택할 수 있도록 한다.

② 통신판매

통신주문 고객은 매장을 방문한 것이 계기가 되어 전화를 하는 경우와 홍보물을 통해 전화 주문을 하는 등 구매 계기가 제각각이다. 그러나 상품을 직접 보지 않는 상태에서 주문하게 되므로 고객과 주문을 받는 꽃집 간에 커뮤니케이션이 잘 안 되는 경우가 있다. 그러므로 통신주문을 쉽게 할 수 있는 상품 카탈로그의 준비와 배포가 필수적이다.

통신주문을 위한 상품 카탈로그에서 상품은 종류를 단순화시키고 가격도 저가상품을 배제하는 것이 좋다. 왜냐하면 통신주문을 하는 경우는 상품의 종류보다는 가격이 중요시되는 업무용 수요가 많은데 많은 종류의 상품을 게재해놓으면 고객이 선뜻 결정하지 못하고 상담 시간만 길어지기 때문이다.

또 통신주문 상품의 경우 대부분 배달을 해야 하는데 상품 가격이 너무 낮게 되면 배달비 자체가 나오지 않기 때문이다.

한편 통신배달용 카탈로그를 배포한 후에는 같은 카탈로그를 전화기 옆에 두어 주문이나 상담 전화가 올 때 카탈로그를 활용하도록 한다. 또 카탈로그는 자주 바꾸지 않는 것이 좋다. 자주 바꾸게 되면 주문을 받는 사람 입장에서 고객이 어떤 카탈로그를 놓고 이야기하는지 혼동을 일으킬 수 있기 때문이다. 고객이 문의할 때는 카탈로그에 있는 상품이나 평소에 촬영해둔 상품 사진을 휴대전화로 전송한 다음 상담과 주문을 받아도 좋다.

③ 온라인 판매

인터넷에 쇼핑몰(홈페이지)을 개설하여 상품을 판매하는 방식이기 때문에 소비자들은 사진만 보고 물건을 구입하는 형태이다. 그러므로 상품 구성은 사진으로 해야 하는데 인터넷 특성상 상품을 많이 게재해도 비용이 크게 들지 않는다. 그런데 문제는 주문을 받은 다음 다시 다른 꽃집에 배달을 위탁해야 되는 경우가 많다. 그렇게 되면 배달할 꽃집에 상품이 있어야 하고 가격 조건도 맞아야 되는데 현실적으로 어려운 실정이다. 이러한 점을 고려할 때 인터넷 사이트의 상품 구성은 온라인 구매를 하는 주 고객층과 그들이 주로 구입하는 품목을 명확히 하여 설정하는 것이 좋다.

가격과 상품

고객이 상품을 선택할 때는 가격도 매우 중요한 영향을 미치므로 이를 고려하여 상품을 구성한다. 가격대는 가능한 다양하게 구성하는 것이 좋지만 잘 팔리는 가격대 상품과 잘 안 팔리는 가격대의 상품을 구별하지 않고 구성해놓으면 잘 팔리는 가격대의 상품은 부족해지기 쉽고 잘 안 팔리는 가격대의 상품은 재고가 나기 쉽다. 그러므로 창업 초기에는 일단 다양한 가격대의 상품으로 구성한 다음 일정 시기가 지나 잘 팔리는 가격대의 상품이 파악되면 그 비중을 높이는 것이 좋다.

꽃집의 규모와 상품

꽃집 규모가 작으면 상품을 많이 갖춰놓고 싶어도 어려우므로 회전율이 빠른 것 위주로 구성한다. 일반적으로 17㎡ 미만의 소규모 점포는 유동인구가 많은 지역의 경우 생화 위주로 구성하는 게 좋고, 통행량이 적은 외곽 지대의 경우 통신판매 비중을 높이는 게 좋다.

상품 개발

꽃집에서 상품을 개발하는 것은 고객층과 구매액의 다양화, 매출액 향상, 매장과 인력의 생산성 향상 등과 관련이 있으므로 적극적으로 개발하고 활용하는 것이 좋다.

꽃상품

① 절화상품

상품 개발은 상품의 질을 높이는 것, 종류를 확대하는 것 외에 자신의 꽃집을 알리고, 고객을 끌어들이고, 매출을 증가시키기 위한 전략적인 측면에서 생각할 수 있다. 상품의 질을 높이기 위해서는 끊임없이 좋은 상품을 제작할 수 있는 디자인 능력을 키우고 이를 활용해야 한다.

상품의 종류는 창업 초기의 경우 꽃집에서 우선적으로 필요한 꽃다발, 꽃바구니, 경조화환 등의 품목 위주로 하다가 점차 확대해 꽃목걸이, 웨딩부케, 하트 장식, 365송이 장미 연출, 웨딩카 장식 등으로 다양화시킨다. 전략상품으로 장미 한 송이 같은 상품을 원가나 원가 이하의 저가로 판매하여 미끼 상품으로 활용하는 방법도 생각해볼 수 있다. 꽃집의 존재를 뚜렷하게 부각시키기 위해서는 화제가 되고 있는 상품, 초대형의 특이한 상품, 고난이도의 디자인이 필요한 기술상품, 화젯거리가 되는 배달 방법이나 비수기에 특별상품의 대량 할인판매를 활용하는 방법도 있다.

② 분식물

분식물에는 관엽식물, 난, 분화류, 선인장, 허브 등이 있는데, 이들 상품 개발은 크게 두 가지 측면에서 생각할 수 있다. 첫째는 식재 방법이나 장식분 활용으로 부가가치를 높이는 방법이다. 화분식물은 다른 종류를 모아 심어 다양하게 연출할 수 있고, 상품 가치를 높일 수 있다. 또 같은 사람이라도 옷을 달리 입었을 때 분위기가 달라지듯 같은 식물이라도 심는 화분에 따라 가치가 달라져 보이기도 한다. 식재 방법이나 장식분의 활용과 더불어 포장 활용으로도 상품의 폭을 넓힐 수 있다〈그림 8-4〉.

두 번째로는 팔릴 가능성이 크지만 재고의 우려 때문에 갖춰놓지 못한 상품을 구입해놓는 것이다. 즉 재고의 우려가 있더라도 상품을 구입해 구색을 갖춰놓음으로써 고객

그림 8-4
관엽식물은 식재 방법이나 장식분의 활용에 의해 부가가치를 높일 수 있다.

의 증가를 꾀하는 것이다. 물론 팔게 되면 이익이 되지만 못 팔고 재고가 되더라도 그 비용은 상품 개발비에 불과하다고 생각하면 된다.

다른 업종 상품

① 꽃과 직판이 가능한 상품

꽃집 중에는 꽃만 팔아도 바쁜 곳이 있는가 하면 꽃만 팔아서는 수익성도 낮고 시간적 여유가 많은 곳이 있다. 매출이 적은 원인이 꽃집의 마케팅 능력 부족 때문이면 매출 증대 방안을 고민하고 개선해야 한다. 하지만 고객개발에 힘써도 꽃집의 위치나 시장규모상 발전 가능성이 낮은 곳에서는 꽃의 판매 확대에만 매달리는 것보다 다른 상품을 추가로 판매하는 방향으로 나아가는 것이 매장의 생산성을 높이는 길이다.

꽃집에서는 꽃 외의 상품으로 담배, 화장품, 허브오일, 팬시상품 등을 많이 판매하는데, 꽃집이나 지역의 사정에 따라 더 많은 상품을 추가할 수 있을 것이다.

② 꽃과 함께 배달 가능한 상품

배달이 많고, 분위기용으로 많이 사용되는 꽃의 특성을 활용하여 꽃과 같이 배달할 수 있는 상품을 개발하면 꽃+α 만큼의 매출을 올릴 수 있고, 다른 꽃집과 차별화할 수도 있다. 꽃과 함께 배달할 수 있는 새로운 상품을 개발할 때는 꽃배달상품을 용도별로 분석해보고 그 용도와 관련이 많은 상품을 개발하는 것이 좋다.

02 상품 진열

의의

꽃집에서 상품의 진열은 상품 판매, 매장공간의 활용, 작업의 효율성 등과 밀접한 관련이 있다. 진열을 잘하면 고객의 시선을 끌어 사고 싶은 충동을 일으키게 하고, 이는 방문 고객 수를 늘리게 하는 원동력이 된다. 또 같은 상품이라도 어떻게 진열하느냐에 따라 달리 보이므로 판매 가격과 판매량에 영향을 미친다. 상품 진열을 잘하면 매장을 효율적으로 활용할 수 있는 반면, 잘못하면 산만하고 좁아 보이며, 고객이 상품을 구매할 때도 불편하다. 그러므로 상품을 구입하여 진열할 때는 상품의 특성, 동선계획, 고객의 특성 등을 고려해야 한다.

꽃집에서 상품의 진열

꽃집 안의 상품 진열

상품을 구입하여 진열하는 것은 내부 동선계획과도 밀접한 관련이 있다.

취급상품, 매장 면적과 높이, 고객층에 따라 달라지는데 일반적으로는 다음과 같이 하는 것이 좋다.

① 상품의 종류와 특성에 따른 진열

- 상품의 종류와 크기가 비슷한 것끼리 혹은 색상이 비슷한 것끼리 모아 고객의 눈길을 끌도록 한다.
- 상품 전체를 볼 수 있도록 중앙에는 키가 작은 상품을 진열하고 키가 큰 상품은 벽면에 진열한다. 매장 면적이 넓을 때는 중앙에 별도의 진열공간을 확보한 다음 키가 큰 것을 중앙에 놓고 주변에 작은 것을 진열한다.
- 광이 많이 들어오는 곳에는 광을 좋아하는 식물, 그늘진 곳에는 그늘에서 강한 식물을 배치한다. 여름이나 겨울에는 출입구 등 추운 곳에 저온에 강한 식물을, 추위에 약한 식물은 난로 옆 등에 배치하는 등 식물의 생육 특성을 고려하여 진열한다.
- 시클라멘, 양란 등 꽃이 피고 화려한 식물은 진열장이나 창가에 진열하여 고객의 흥미를 유발하도록 한다.
- 소품이나 분화는 출입구 가까운 곳에 진열한다〈그림 8-5〉.

그림 8-5
소품이나 분화는 출입구 가까운 곳에 진열하여 고객의 시선을 끈다.

- 다른 물체와 접촉되거나 바람 등에 쉽게 손상되는 상품은 출입구와 다소 떨어진 곳에 진열한다.

② 매장공간에 따른 진열

- 진열장 및 창가

규모가 큰 꽃집에는 별도의 진열장이 마련되어 있지만, 소규모의 꽃집은 창가가 진열장 역할을 대신한다. 어느 경우이든 꽃집 밖에서 보았을 때 시선이 제일 먼저 가는 공간이라는 점을 먼저 생각하고, 다음과 같은 사항을 고려하는 게 좋다.

- 꽃바구니나 꽃꽂이 작품을 진열한다.
- 계절을 나타내는 상품을 포장해놓는 등 화려하게 연출하여 진열한다.
- 기념일 등 행사와 관련된 상품을 전시한다.
- 가능하다면 동적인 느낌을 주어 시선을 끌도록 한다.
- 간결하고 청결한 이미지를 주도록 한다.
- 꽃집 밖에서 안쪽을 보았을 때 진열상품이 시선에 장애가 되지 않도록 다소 키가 낮은 상품 위주로 진열한다. 상품을 많이 진열하기 위해 창가에 입체적으로 상품을 진열하게 되면 매장이 좁아 보이고 답답해 보인다.
- 순환도로나 간선도로 주변에 있는 비닐하우스형 매장은 전면을 넓은 새시로 짜서 매장 안쪽이 들여다보이도록 되어 있는데, 이런 곳에서는 화환 등을 제작하여 진열해놓고 언제라도 구입할 수 있게 하면 효율적이다.

그림 8-6
꽃집 출입구는 밝은 이미지를 줄
수 있도록 화려한 꽃이나 식물을
진열하는 것이 좋다.

- 출입구 부근

  출입구는 꽃집의 첫인상을 결정하는 곳이므로 꽃이 있는 분식물이나 밝
  은 색의 관엽식물, 절화상품 등을 진열하여 고객들에게 밝은 이미지를 심
  어주도록 한다〈그림 8-6〉. 또 출입구는 상품이 통행에 방해가 되지 않게
  하며, 상품이 사람 몸에 걸려 손상되지 않도록 주의한다.

- 매장 안쪽

  매장 안쪽도 꽃집이 클 경우 중앙이나 벽면, 계산대, 접객공간 등에 따
  라 구분되기 때문에 그 특성에 맞게 진열하는 것이 좋다. 다음은 일반적
  인 꽃집에서 매장 안쪽에 상품을 진열할 때 고려하면 좋은 사항들이다.

  - 판매량이 많은 관엽식물은 별도의 코너를 마련해 한꺼번에 둔다.
  - 입체감이 있는 진열장을 활용하여 다량의 상품을 구비함과 동시에 변
    화가 있게 진열한다.
  - 고객들이 상품을 선택할 때 식물에 부딪히지 않을 정도의 공간을 확
    보하고 진열한다.

- 재고품이나 상품성이 떨어지는 것은 눈에 잘 띄지 않는 곳에서 별도로 관리하거나 다른 곳에 위탁한다.
- 특별상품은 매장 내 동선상 시선이 잘 닿는 곳에 진열한다.

꽃집 밖의 상품 진열

꽃집의 상품을 꽃집 밖에 진열해놓은 것도 흔히 볼 수 있다. 꽃집 밖에 상품을 진열하게 되면 더 많은 공간의 활용이 가능하여 많은 상품을 진열할 수 있고, 실외 진열공간과 매장 내의 공간이 연결되는 듯한 이미지를 준다. 또한 마케팅 측면에서도 큰 의미가 있으므로 다음과 같이 적극적으로 활용하는 것이 좋다.

① 계절상품의 진열

계절상품을 진열하여 구매 욕구를 자극하는 것이 좋다. 계절별로는 봄의 경우 팬지, 데이지, 수선화, 라눙쿨루스, 아네모네 등 초화류나 구근식물을 진열하여 눈길을 끌 수 있도록 한다. 여름에는 꽃베고니아, 칼랑코에 등의 분화식물과 허브식물 그리고 벤자민고무나무, 파키라, 홍콩야자와 같은 관엽식물이 좋다. 가을에는 국화를 대량 진열해도 좋고 포인세티아, 피라칸사스, 남천 등 색채가 화려하거나 열매가 있는 것을 진열한다. 겨울에는 추위 때문에 진열할 수 있는 것이 제한되어 있는데, 남부지방에서는 종려, 동백, 남천 등을 진열하는 것이 좋다.

② 특정 상품의 대량 진열

특정 상품을 많이 진열하여 풍부하게 보이도록 하면 고객들의 시선을 쉽게 끌 수 있고, 소비자들은 선택폭이 넓고 가격이 쌀 것이라 판단하여 구매량이 증가한다. 특정 상품을 점포 앞의 야외에 대량으로 진열할 때에는 값싸고 많이 둘 수 있는 것으로 한다. 야외에 전시해두면 손상되기 쉽기 때문이다. 봄철의 1, 2년초, 여름의 벤자민고무나무, 허브, 가을의 국화와 피라칸사스 등이 대량 진열하기에 좋은 상품들이다.

③ 절화상품의 진열

절화상품을 꽃집 밖에 진열할 경우 꽃이 마르거나 상하기 쉬워 되도록 실내에 진열하는 것이 좋다. 그러나 시내 번화가나 대학가 등에서 꽃다발이나 꽃바구니 위주로 판매할 때, 기념일에 대량으로 제작하여 진열해놓고 팔 때는 꽃다발의 경우 줄기 끝을 물에 꽂을 수 있도록 한다. 꽃바구니는 가능한 손상이 적은 꽃을 사용하여 제작한 다음 바람이 잘 닿지 않는 곳에 진열한다.

④ 조화를 이용하여 진열

꽃집이 차량 통행이 많고, 주택가나 사무실이 많은 곳에서 조금 떨어진 2차선 이상의 도로에 접하고 있을 때는 조화 같은 것으로 인조목을 만들거나 꽃바구니를 꽂아 진열한다. 또 조화 식물을 식물들 사이에 섞어놓음으로써 화려하게 보이게 만들어 꽃집의 존재를 인식시킨다.

⑤ 기획상품과 이색상품 진열

각종 기념일이나 특정 상품을 팔고자 할 때는 매장 밖에 진열대와 현수막 등을 만들어 진열하면 고객들의 시선을 쉽게 끌 수 있다. 대도시의 경우 조화 장미 365송이를 사용하여 하트를 만든 다음 꽃집의 외관에 부착해놓으면 고객들에게 꽃집의 존재가 쉽게 인식될 수 있다. 또 이색상품을 진열하거나 부착해놓으면 매스컴에 소개되기 쉽고 이는 꽃집의 홍보에 직결되기도 한다.

포장과 라벨 붙이기

상품 포장 후 진열

꽃집 밖의 진열대, 창가나 출입구에 진열하는 상품은 포장을 한 후 진열해 놓으면 포장지의 색으로 고객의 시선을 끌기도 하고 상품 가치가 높아져 구매력을 높이는 데 효과적이다. 포장을 해놓으면 갑작스런 주문이나 방문구매 시에도 고객이 곧바로 사가지고 갈 수 있고, 고객이 어떤 포장을 선호하는지 기호도를 파악할 수 있다. 다만 꽃은 그 자체로도 아름답고, 친환경이 중요시되는 시대인 만큼 과대 포장은 자제하는 것이 좋다.

라벨 붙이기

상품에 라벨을 붙여놓으면 진열 효과가 높아지며, 여러 장점이 있다. 우선 꽃집을 창업한 직후에는 많은 식물의 이름을 제대로 외우지 못한 경우가 있다. 이때 고객이 질문하면 상품 설명을 제대로 못하게 되는데 라벨(상품으로 판매되는 것이 있다)에 이름을 기재해 붙여놓으면 대답을 못할 염려는 없다. 또 가격을 붙여놓지 않으면 고객 입장에서는 계획구매가 어렵고, 가격 교섭 시 시간이 많이 소요되므로 라벨에 가격을 써놓는 게 좋다. 재배 관리를 위한 물주기, 재구입 및 문제가 발생했을 때 문의나 상품 교체 등을 요청할 수 있도록 꽃집 연락처까지 기재해놓으면 좋다.

고객의 입장에서 진열

진열에는 여러 가지 이론이 있지만 꽃집은 다양한 유형이 있고 입지나 취급품목에 따라 상황이 달라진다. 그러므로 상품을 구입한 후, 이론에 맞게 진열하려고 해도 적용하기 어려울 때가 있다. 이때는 고객의 입장에서 진열하는 것이 좋다. 즉 내가 고객이라면 어떻게 진열해놓는 것이 눈에 잘 들어오고, 점포에 들어가고 싶을까 하는 점에서 검토하는 것이다.

그러기 위해서는 우선 많은 꽃집을 상대로 진열 상태를 보고 나름대로 좋고 나쁜 점을 조사 분석하며 감각을 익혀야 한다. 꽃집에 따라서는 깔끔하고 들어가 보고 싶은 곳이 있는가 하면 지저분하고 산만해 보이며 들어가 보고 싶지 않은 곳이 있는데, 자꾸 보고 분석하다 보면 그 차이점을 찾을 수 있고 감각을 익힐 수 있다.

03 상품의 제작과 연출

상품 제작의 기본 태도

원가의 반영

꽃집을 개업하면 경영주 자신이 직접 상품을 제작하거나 디자이너를 채용하여 제작해야 하는데, 어느 경우이든 꽃집의 상품 전략에 따라 다를 수 있다. 하지만 꽃집은 작품이 아닌 상품을 판매하는 곳이라는 점에서 판매하는 쪽보다는 소비자들이 선호하는 상품 위주로 제작하고 판매해야 한다. 또 꽃집은 상품을 판매하여 그 이익금으로 운영된다는 점에서 원가를 생각하여 상품을 제작하고 이익을 남겨야 한다.

자신감을 갖고 제작한다

꽃집을 개업한 초창기는 물론이고 꽃집을 운영하는 내내 접객과 상품 제작에 자신 없어 하는 경영주가 간혹 있다. 이럴 경우 소비자들은 꽃집을 불신하게 되므로 상품을 제작할 때는 자신감을 갖고 하는 것이 좋다. 일반적으로 소비자들은 꽃집 창업을 위해 배우고, 꽃집을 경영하면서 경험을 쌓은 꽃집 경영주보다 꽃이나 꽃 상품에 대한 지식이 옅기 때문이다.

작품보다는 상품을 만들어야 한다

꽃집에서 꽃을 팔 때는 생산된 꽃 그 자체만을 파는 것이 아니라 꽃을 소재로 화환, 꽃바구니, 꽃다발 등 여러 가지 형태로 만들어 판매한다. 우리나라에서는 예로부터 꽃을 예능적인 차원에서 다뤄왔기 때문에 꽃으로 어떤 형태를 만들어 연출하는 것은 작품이라는 개념이 강하고, 또 작품성을 추구하는 곳도 많다. 하지만 꽃집 경영에서는 고객의 요구를 만족시켜 준다는 점에서 작품보다는 '상품'이라는 개념이 더 중요하므로 고객이 원하는 상품 위주로 제작하는 것과 함께 일정액의 마진율을 확보해야 한다〈그림 8-7〉. 특히 꽃다발을 만들거나 꽃바구니를 꽂을 때 작품성이 없다고 꽃을 추가로 계속 사용하면 원가도 안 나오는 경우가 있으므로 유의해야 한다.

특히 요즘은 무조건 풍성하게 제작한 상품을 선호하던 과거와는 달리 고객들이 상품을 디자인 위주로 평가하고 그에 맞는 가격대의 상품을 구입하고 있는 실정이다. 그러므로 같은 상품일지라도 고객의 성향에 따라 다르게 제작해야 한다.

그림 8-7
꽃집에서는 작품보다는 잘 팔리는 '상품'을 만들어야 한다.

상품의 제작과 포장

상품의 제작

보통 꽃집 경영주는 꽃집을 하기 위해 플라워디자인 수업이나 연수를 받을 때, 그리고 개업 초기에는 조금이라도 더 많은 것을 배우기 위해 적극적으로 노력하고 관련 서적도 많이 사본다. 그렇기 때문에 개업 초기에는 자신감이나 경험은 부족해도 상품의 질에서는 우수한 꽃집이 많다. 그러나 꽃집이 어느 정도 순조롭게 운영되면 매너리즘에 빠져 꽃다발, 꽃바구니 제작이나 포장도 변화 없이 몇 가지 스타일만 반복하게 되는 경우가 많은데 그래서는 발전하기 어렵다.

꽃집의 상품은 유행을 타는 상품이 많다. 똑같은 꽃다발이나, 꽃바구니도 연출하거나 꽂는 스타일에 변화가 있고, 포장도 수시로 유행이 변한다. 그러므로 끊임없이 공부하고 새로운 정보나 기술을 받아들여 유행에 뒤떨어지지 않는 상품을 제작, 포장해야만 고객에게 외면당하지 않는다.

타 지역 주문 상품의 제작

꽃 통신배달 주문의 활성화로 자신의 매장에서 직접 주문을 받은 것 외에 다른 지역의 꽃집이나 통신배달 회사에서 주문받은 상품을 제작해야 하는 경우도 많다.

타 지역 주문 상품을 취급할 때는 우선 주문 내용을 정확히 확인하고 의심스러운 부분은 주문받은 꽃집에 반드시 확인해야 한다. 특히 발주 꽃집으로부터 상품 이미지의 확인 요청이 있을 때는 해당 꽃집의 홈페이지나 이메일, 휴대전화 등을 통해 이미지를 확인한 후 제작에 들어가도록 한다. 꽃배달 회사의 주문일 경우 홈페이지 내에서 상품 번호와 상품명을 확인하고 이미지에 맞게 제작하도록 한다. 상품의 부실 문제는 특히 통신배달 주문에서 자주 발생하고 있는데, 자신의 고객이 주문한 상품을 다른 꽃집으로 발주했을 경우를 생각해서라도 최선을 다해 제작하는 것이 좋다.

리본과 메시지카드

리본 글씨

우리나라에서는 꽃이 업무용으로 많이 이용되다 보니 디자인 못지않게 리본의 글씨도 매우 중요하게 취급된다. 예전에는 꽃집을 창업하기 위해서는 서예학원부터 다녔어야 했는데, 요즘에는 컴퓨터의 보급과 함께 리본 글씨용 프로그램이 개발되어 있으므로 컴퓨터로도 쉽게 리본 글씨를 프린트할 수 있게 되었다.

그렇지만 현재도 간혹 손으로 쓴 글씨를 선호하는 고객이 있고, 대기업의 대표나 정치인 등 큰 거래처의 일부 고객은 글씨체나 형식을 정해주고 손으로 써주길 주문하는 경우도 있다. 이런 경우를 대비해서 리본 글씨를 잘 쓰는 곳 두세 군데 정도는 파악해두고 필요 시 필경료(筆耕料)를 주어서라도 고객의 주문에 대응하도록 한다.

리본 글씨의 보호

리본의 글씨를 특별히 보호할 필요는 없다. 그러나 비가 오는 날 상품을 실외에 배치해야 할 때에는 리본의 글씨가 비를 맞게 되어 먹물이나 잉크가 번

지거나 흘러내린다. 그렇게 되면 상품이 지저분해질 뿐만 아니라 누가 보냈는지조차 알 수 없게 되어 보낸 의미가 없어지는 상황이 되어버린다. 따라서 이런 경우에는 글씨를 보호하기 위해 비닐로 리본을 커버하는 것이 좋은데, 자재상이나 비닐 가게에서 폭 18cm 통비닐을 구입하여 리본을 비닐 속에 넣어 고정하면 된다.

리본 부착

상품이 완성되면 글씨를 쓴 리본을 부착하게 되는데, 이때 리본의 색깔, 재질, 넓이, 길이, 부착 방법에 따라 상품의 최종 이미지가 달라지므로 이를 고려해야 한다. 특히 리본을 부착할 때는 리본머리의 연출에 신경 쓰면서 상품의 방향성을 고려하여 정면에 부착하는 것이 좋으나 상품에 따라서는 보기 좋은 부분은 살리고 허술한 부분은 커버하는 측면에서 부착해도 좋다.

리본을 부착한 후에는 리본이 잘 보이도록 정리해준다. 실외에 배치할 경우에는 바람에 날리지 않도록 스테이플러로 고정해두는 것이 좋다.

메시지카드 및 문구

화환이나 관엽식물 등 업무용 상품에는 리본을 사용하는 경우가 많지만, 개인 선물용 상품에는 전하고자 하는 말을 메시지카드에 작성하여 보내는 경우가 많다. 메시지카드는 꽃을 주문하는 사람이 준비하는 경우보다 통신 주문인 경우가 더 많은데, 방문 고객이라도 미처 메시지카드를 준비하지 않은 사람도 많으므로 가능한 예쁘고 독창적인 메시지카드를 준비해두고 활용하는 것이 좋다.

메시지카드 내용은 불러주거나 작성 후 휴대전화의 문자메시지 등을 통해 송부해주는 경우도 있으나 알아서 써달라고 하는 경우도 종종 있다. 이 경우를 대비하여 결혼기념일, 생일, 만난 지 100일 등 각종 상황에 맞는 문구를 작성해놓은 다음 활용하면 좋다. 카드에 메시지 내용을 적을 때는 컴퓨터로 프린트를 하거나 가능한 예쁜 글씨로 써 주문자의 정성이 전해지도록 최선을 다한다.

메시지카드의 첨부

카드에 메시지를 적은 다음에는 점포의 상호와 전화번호 등이 기재된 깜찍한 스티커를 준비하여 봉인한다. 완성된 메시지카드는 꽃과 꽃 사이에 넣거나 부착할 수도 있으나 배달 중 분실 염려가 많으므로 태그를 이용해 첨부하는 것이 좋다.

상품 가격

상품 가격의 의의와 가격 설정

의의

가격은 꽃집뿐만 아니라 모든 소매점에서 비즈니스의 기본이다. 상품의 가격이라는 것은 양면성을 갖는다. 판매자의 시선에서 가격은 매출액이 되고, 그 매출액에는 재료를 구입할 때 드는 비용, 인건비나 광고 홍보비 등의 경비가 포함된다. 매출액과 원가의 차이가 클수록 이익이 많이 나지만 그 이익은 장기적으로 점포의 유지 발전에 기여할 때 좋은 것이다. 그런 만큼 가격은 소매점의 목숨과 같은 것이다.

가격은 소비자에게도 매우 중요한 의미를 가지는 것으로 상품의 구입 여부를 결정하는 커다란 요인 중 하나이다. 고객들은 물건을 구입할 때 가격과 상품 가치를 비교한다. 그때 '가격 〈 가치'로 판단되면 구입할 가능성이 올라간다. 반대로 '가격 〉 가치'로 판단되면 구입 가능성은 낮아진다. 이와 같이 가격은 꽃집과 소비자 모두에게 중요한 의미와 양면성을 갖고 있으므로 충분히 이해하고 효율적으로 활용해야 한다.

가격 설정

꽃집에서 가격을 설정하는 것은 쉽지 않다. 꽃집 입장에서는 더 많은 돈을 벌기 위해서 판매가를 높여야 하지만, 판매가를 높이면 고객 입장에서는 부담이 되어 판매량이 떨어지게 되고 결과적으로 싸게 판 경우보다 점포의 생산성이 떨어질 수도 있다. 그런데 입지 조건이 맞지 않으면 싸게 많이 파는 것도 불가능하다. 즉 ① 싸게, 많이 팔리도록 한다. ② 많이 팔리기 때문에 싸게 판다. ③ 싸지 않아 많이 팔리지 않는다. ④ 비싸므로 많이 팔리지 않는다. ⑤ 싸게 안 팔아도 많이 팔린다. ⑥ 비싸게 팔아도 많이 팔린다 등과 같이 복잡한 게 꽃집의 가격 정책이다. 따라서 전략적인 검토 없이 습관적으로 가격을 붙이는 것은 피해야 한다.

그림 8-8
꽃집에서 상품 가격은 입지 조건과 고객층을 고려하여 설정한다.

일반적인 가격 설정 방법

꽃집에서 일반적인 가격 설정은 상품의 구입 원가에 마진율을 더해 정한다. 이때 마진율에는 디자인료, 배달, 부자재 등 다양한 것이 포함되는데 '판매가−원가=마진'으로 생각하는 것이 꽃집의 현실이다. 현재 일반적인 판매가는 꽃집마다 다소 차이는 있지만, 난이나 관엽식물의 경우 구매가를 1로 했을 때 판매가는 1.5~2.5배 정도이다. 즉, 1만 원에 구입한 것은 1만 5천 원에서 2만 5천 원까지 팔리고 있고 대체적으로는 2만 원 선에서 팔리고 있다. 절화상품도 비슷하지만 절화의 경우 디자인을 해야 하고, 부자재가 많이 소요되는 만큼 실제적으로는 난이나 관엽식물에 비해 이윤이 낮은 편이다.

한편 꽃집에서 생각하는 마진에는 디자인비, 배달료, 경영비 등이 포함되어 있기 때문에 단순히 '판매가－원가＝마진'으로 생각하고 가격 설정을 하면 손해 볼 수도 있다. 그러므로 판매가에는 '판매가(100%)＝재료비(30%)＋인건비(20%)＋경영비(35%)＋이윤(15%)'이라는 공식을 적용해 적정한 이윤을 확보하도록 해야 한다.

창업 초기의 가격 설정

꽃집을 개업한 초기에는 낮은 기술 수준, 경험 미비, 고객 확보, 고객층 측면에서 질보다 양을 추구하는 게 좋다. 왜냐하면 경험이 부족한 경영주가 다른 꽃집보다 비싸게 상품을 구입하거나 좋은 상품을 구입하지 못한 상태에서 똑같은 가격으로 상품을 판매하면 고객 입장에서는 상대적으로 비싸게 보일 수밖에 없다. 또 꽃집에서 파는 상품은 대부분 꽃에 기술이 더해지는 것인데 처음에는 기술 수준이 낮기 때문에 많은 재료를 사용해도 상품의 가치가 낮아 보이기 때문에 비싸게 여겨진다.

상품을 보는 눈도 약해 잘 팔리는 상품과 안 팔리는 상품을 제대로 구별하지 못하고 구매한 결과 구매력이 약한 상품이 많고 자본력도 약해 구색을 제대로 갖출 수가 없는 경우가 많다. 접객 경험도 미비해 고객이 어떤 가격대를 선호하는가를 파악하기 어려운 상태에서 높은 가격을 제안하면 거래가 이루어지기 어렵다. 고정 고객도 많지 않기 때문에 저가, 중가, 고가를 구입하는 고객층으로 분류하여 그에 맞는 가격 정책을 펴기도 어렵다. 그러므로 가능한 싸게 팔아 고객을 유인해야 한다.

중가 설정 시기

꽃집을 개업하고 어느 정도 시기가 지나면 상품 구매나 접객, 디자인 경험이 쌓이게 되고 상품의 구색도 고객 위주로 갖출 수 있다. 소위 말하는 일반적인 꽃집의 모양새를 갖추게 되는데 이때부터는 가격을 중가로 설정하고 적극적인 판촉 활동을 하는 것이 좋다. 계속해서 너무 낮은 가격을 설정하면 판매량은 많더라도 이익률이 상대적으로 낮아 비효율적이고, 고객층도 싼 것만 선호하는 사람 위주로 형성된다. 그러면 자연히 상품도 저가 제품 위주로 구성되어 매출 증가가 쉽지 않다. 따라서 중가를 설정하고 상품의 구색도 저가상품, 중가상품, 고가상품으로 차별화하여 고객층을 다양화하도록 한다.

고가 설정 시기

꽃집의 기술 수준이 높아지고 상품 구색도 다양하게 갖추어져 있으며, 연륜까지 쌓이게 되면 다양한 고객층이 형성된다. 이때는 가격이 싼 것만 선호하는 고객, 중가만 선호하는 고객, 높은 가격 위주로 구매하는 고객으로 분류가 가능한데, 저가 상품만 선호하는 고객을 판매 대상에서 제외해도 경영상 큰 문제가 없다고 분석되면 고가상품 위주로 구색을 갖추는 등 가격대를 높게 설정한다.

꽃집에서 고가 설정은 큰 의미가 있다. 저가상품 위주로 판매할 때는 상품 수에 비해 마진율이 적기 때문에 생산성이 낮아진다. 반면에 고가상품 위주로 판매할 때는 상품의 제작이나 배달에 소요되는 시간은 저가상품과 비슷하나 마진율이 높아지기 때문에 생산성을 쉽게 높일 수 있다. 또 저가상품 위주로 구매하는 고객들은 상품보다는 가격에 비중을 두는 반면 고가상품 위주로 구매하는 고객들은 상품의 질에 비중을 두는 경향이 강하므로 접객이 쉽고, 꽃집의 수준도 끌어올릴 수 있다.

온라인에서의 가격 설정

꽃 전문 온라인 쇼핑몰에서의 가격 설정은 꽃집 수준이거나 꽃집 가격보다 다소 높게 설정하는 것이 좋다. 보통 온라인상의 가격은 낮게 책정되어 있는 것이 상식이지만, 꽃에는 적용하기가 쉽지 않다. 다른 상품의 경우 '생산 → 판매장 → 영업 → 소비자'로 이어지는 유통 단계를 온라인에 의해 '생산 → 온라인 → 소비자'로 줄일 수 있기 때문에 물류 비용, 판매장 소요비, 영업비용 등을 줄일 수 있다. 그런데 꽃의 경우는 '소비자 또는 꽃집 → 온라인업체 → 꽃집 → 소비자'로 되기 때문에 유통단계가 오히려 늘어나게 되고, 온라인 업체의 마진율 확보와 통신판매 수수료 등을 고려하면 온라인에서 판매하는 가격은 꽃집에서 판매하는 가격보다 다소 비싸게 설정해야 한다.

절화 상품의 가격 설정

꽃집 상품 중 관엽식물, 분화류, 난 등은 가격 설정이 비교적 단순하다. 상품의 가격 변동이 적고 분갈이나 단순한 포장 외에는 별도의 부가가치를 더하거나 가공의 필요성이 적어 구입한 가격에 몇 배 정도의 마진을 더해서 팔면 되기 때문이다. 반면 절화의 경우에는 가격 변화가 심한데도 꽃바구니, 화환 등 일부 절화상품은 고정 가격제를 실시하고 있다.

절화상품은 작품이라는 개념도 강해 꽃을 꽂다 보면 가격보다는 작품성에 신경 쓰게 되고 그 결과 판매가보다 원가가 많이 들어가는 경우도 발생한다. 그러므로 절화상품 가격은 가격 변화에 따른 상황을 고객에게 알림과 동시에 원가를 의식하며 제작해야 한다.

고정 가격과 선물용 상품의 가격

고정 가격

꽃집을 개업한 후 혼란스러운 것 중 하나가 바로 가격 정책이다. 가격은 구입가에 몇 %의 마진만 남기고 팔면 되므로 간단할 것 같지만 사실 그렇지 않다. 특히 절화의 경우는 가격 변동이 극심해 하루는 물론 오전, 오후가 다르다. 이 경우 구입가의 몇 %에 해당하는 마진율만 붙여 판매하면 소비자들로부터 신뢰를 받을 수 있고 판매하기도 편할 것 같지만 부정적인 면도 존재한다.

가령 장미 1단을 1만 원에 구입했고, 그 다음 날은 7천 원에 구입했을 때 신선하고 좋은 것이 더 싼 가격 역전 현상이 일어나는 경우도 종종 있다. 또 어떤 소비자가 장미 20송이 꽃다발을 2만 원에 주문했는데, 그 다음 날에는 3만 원이라고 한다면 꽃집을 불신하기 쉽다. 이 점 때문에 절화상품에 대해서는 고정 가격제를 채용하는 꽃집들이 많다. 분식물의 경우는 구입 가격이 월동 전후 외에는 연중 큰 차이가 없으므로 고정 가격제를 고수하는 것이 좋다.

선물용 상품의 가격

우리나라에서 꽃의 소비용도는 선물용 상품(증정용, 업무용 등)의 비중이 압도적으로 많다. 선물용 수요가 많음에 따라 꽃집은 그에 맞는 상품을 많이 구비하고 있다. 그런데 선물용 상품으로 선호되는 기준은 관상성이나 재배 용이성보다는 가격이 우선시 된다. 그 이유는 사람들이 선물을 할 때 우선 가격을 결정하고 그것에 맞춰 상품을 선택하기 때문이다. 구체적으로 받는 사람이나 거래처와의 관계에 따라 3만 원, 5만 원, 10만 원 등으로 결정한 다음 그

금액에 맞는 화훼를 정한다. 그래서 꽃집에서는 관엽식물, 화환, 난, 꽃바구니 등의 상품도 종류나 품질의 다양성 확보보다는 가격군의 다양성을 확보한 다음 고객의 주문에 대응하고 있다.

이처럼 가격을 중시한 선물용 수요가 많은 현실은 이미 가치가 결정되어 사회적으로 통용되는 기존의 화훼 외에 신규화훼의 도입이나 다양한 화훼의 판매 보급에 장애요인이 되기도 한다. 또 가격 중시의 선물용 상품의 경우 같은 상품이라도 가격을 낮추어 판매할 때는 소비 확대보다는 오히려 소비 감소라는 기이한 현상을 초래할 소지가 있다.

가령 보세란의 경우 분당 6만 원에 거래된다고 가정하면 소비자가 보세란을 선물용으로 사고자 할 때는 그 원가나 실제 가치보다는 통상 6만 원으로 거래되기 때문에 6만 원 정도의 선물을 하고자 할 때 구입하여 선물하게 된다. 그러면 선물을 받은 사람 또한 6만 원 정도의 선물을 받았다고 생각하므로 선물하는 사람과 받는 사람 간에 커뮤니케이션이 이루어진다.

그런데 보세란을 많이 팔기 위해 가격을 4만 원으로 낮췄을 때 선물 구입비로 6만 원 정도를 생각하고 있던 소비자는 보세란이 아닌 6만 원 정도 하는 다른 화훼를 구입하게 되므로 보세란 판매는 오히려 감소될 수 있다. 이것은 곧 선물용 수요가 극도로 많은 우리나라의 경우 가격과 소비 관계는 반드시 '낮은 가격 = 소비 확대'로 성립하지는 않음을 의미한다. 동시에 꽃집에서의 선물용 상품의 가격은 상품의 실제 가치보다는 사회적으로 인식되고 있는 가격으로 설정할 필요가 있다는 것을 암시한다.

온라인업체의 가격 정책에 대한 꽃집의 대응

매장 없이 꽃배달 수주만을 전문으로 하는 온라인업체들은 소비자들로부터 주문을 받은 다음 수수료 20% 정도를 제외한 다음 꽃집에 발주하는 형식을 취하고 있다. 이것을 수주받은 꽃집에서는 또 20~30%의 마진을 남기고 상품을 제작 납품한다. 이와 같은 유통체계는 꽃이라는 상품 특성상 온라인 구매 소비자에게 20%만큼의 손해를 보게 만들고 장기적으로는 꽃집을 불신하게 만드는 원인이 될 수 있다.

따라서 꽃집에서는 온라인에 진출해 오프라인 거래에서 형성된 고객들과의 관계를 온라인으로 연결시킬 필요가 있다. 즉 고객이 주문 및 결제 과정을 온라인으로 대체할 수 있게 함은 물론 매장이 있는 꽃집에 직접 주문했을 때 얻을 수 있는 메리트(특별한 상품의 구입, 좋은 상품을 값싸게 구입할 수 있는 이점)를 제공하도록 한다. 그렇게 하기 위해서는 온라인 이용 고객들이 보다 많이 방문할 수 있는 환경(콘텐츠 양과 질, 결제 시스템 등) 조성과 철저한 홍보, 온라인업체에 비해 상대적으로 낮은 가격 정책을 취해야 할 것이다.

9
Chapter

꽃집의
개업과 접객

premium Basket

01 개점 준비와 개업

의의

꽃집을 구입하여 내·외관을 연출한 뒤에 상품을 진열해놓으면 꽃집으로서 어느 정도 모양새를 갖춘다. 이렇게 운영하는 데 필요한 것들이 갖춰지면 개점을 하고 장사가 시작된다. 그런데 이 시기에는 점검을 반복해서 실시해도 실수하는 경우가 많으므로 꼼꼼히 챙겨서 꽃집을 시작하는 순간부터 유연한 운영이 되도록 한다.

개점 준비

개업까지 여유시간을 갖고 준비해도 막상 개점을 앞두면 어딘가 모르게 바빠진다. 그러므로 개업까지 일을 유연하게 진행하기 위해서는 확실한 계획이 필요하며, 체크리스트를 작성하여 점검하면서 준비하는 것이 좋다. 다음은 개점을 앞둔 시기별에 따라 일반적으로 체크해야 할 부분이다.

개업 1주 전

- 사업자등록 관계
- 내장 관계(작업대, 계산대, 진열대, 벽면, 간판, 쇼케이스)
- 시설물 시운전(꽃 냉장고, 온풍기, 난로, 에어컨, 음향기기, 환기장치 등)
- 각종 도구와 기구(물통, 가시제거기, 소화기 등)
- 인쇄물(안내장, 전단지, 포장지, 전표, 명함, 주문서, 인수증 등)
- 사무기기(컴퓨터, 책상, 전화기, 팩스 등)
- 전기 관련(스포트라이트, 간판, 옥외콘센트, 전원스위치 확인, 전화, 팩스콘센트)
- 수도 관련(배수구, 싱크대 위치 등)
- 홍보 관련(개업현수막, 광고 등)
- 기타(은행 계좌, 통신배달 가맹수속, 인감, 고무인)

개점 3일 전

- 상품 점검(분식물의 상태, 견본상품, 쇼케이스 상태 등)
- 점내 레이아웃(입구, 벽면, 포장, 포장지, 작업대)
- 받침대(절화, 분식물, 꽃꽂이, 꽃다발)
- 고객 영접 비품(비품, 인원, 인쇄물, 방명록, 펜 등)
- 거스름돈(화폐 단위별)
- 청결 상태(유리창, 케이블, 천장, 바닥, 기타 부착물, 비누, 화장지, 타월 등)
- 직원 교육(서비스, 영업운영 관리, 사고 관리 등)
- 주차대책(차량 안내, 주차 관리 등의 협조)
- 개업일에 사용할 판촉물
- 준비 완료 확인(개업일 업무개업 축하)
- 기타(아르바이트, 일기예보, 안내장)

개업 안내와 개업 행사

개업 안내

개업하기 전에는 목표로 삼은 고객들에게 개업한다는 안내장을 보내 꽃집에 관심을 갖게 만든다. 점포에는 개업 날짜와 함께 개업을 알리는 현수막을 걸거나 진열장에 개업 날짜를 크게 적어두어 고객의 관심을 끌도록 한다.

개업 행사

개업일이란 점포가 문을 연 바로 그날을 의미하는데 경영주에게는 이날이 상당한 의미를 지닌다. 동시에 단골이 없는 상태이기 때문에 목표 고객들에게 개업을 알리는 중요한 날이기도 하다.

개업 행사의 경우 친척이나 친구, 예전의 직장 동료들과 함께하는 개업축하 행사는 되도록 간단하게 치르고 목표로 하는 고객들에게 개업 비용을 집중적으로 사용하는 것이 좋다. 이때 고객들에게 일정 기간 동안 점포를 홍보할 수 있는 홍보물을 주는 것도 한 방법이다. 홍보물로는 꽃 책받침, 마우스패드, 카탈로그 등의 기본적인 것 외에 허브 화분 같은 소품이나 작은 조화, 선인장 화분에 점포의 상호와 전화번호, 홈페이지를 안내한 스티커를 붙여 증정하는 것이 점포 이미지나 홍보 측면에서 훨씬 유리하다.

접객 업무

의의와 접객 태도

의의

매장이 깨끗하고 상품 또한 제대로 진열되었다고 하더라도 반드시 꽃이 잘 팔리는 점포, 돈을 버는 점포라고는 단정할 순 없다. 손님이 자주 오더라도 고정 고객이 되지 않는다면 아무것도 되지 않는다. 꽃집 운영 개념의 포인트는 고정 고객 만들기에 있으므로 여기에 집중해야 한다. 고정 고객을 만들려면 ① 고객이 만족하는 상품을 판다, ② 좋은 분위기의 매장을 만든다, ③ 만족감을 줄 수 있는 접객 서비스를 한다 등의 요건이 충족되어야 한다. 이 중 ③은 '당신만을 위해서'와 같은 마음의 접대로서 스마일, 스피드, 청결감, 조심스러운 행동 외에 높은 기술 수준이나 상품 지식이 일체감을 이루어야 한다.

접객 태도

꽃집은 영업장소이기 때문에 언제 어느 때 고객이 들어올지 모른다. 그러므로 항상 매장을 청결히 하고 복장도 유니폼이나 앞치마 등을 활용하여 깨끗하게 착용한다. 고객이 방문할 때는 밝고 큰 목소리로 맞이한다. "어서 오십시오"는 동서고금을 막론하고 오랜 옛날부터 장사를 번성하게 하는 첫째

조건이다. 같은 말인데도 물건을 파는 사람이 힘차게 고객을 맞이하면 고객은 물건이 사고 싶은 욕구가 생기며 상품 결정이나 거래도 시원시원하게 이루어진다. 그러므로 밝고 큰 목소리와 미소로써 고객의 마음속에 우리 꽃집은 즐거운 곳이며 우리 꽃집과 거래하면 만족할 수 있을 것이라는 인상을 줄 필요가 있다.

상담을 할 때는 정중한 언어를 사용하고, 고객의 의도를 충분히 파악한 다음 접객자료를 활용하여 주문사항을 이끌어내거나 제안한다. 접객이나 고객이 주문한 상품을 제작할 때는 가능한 한 고객의 대기시간이 최소가 되도록 한다.

고객에 따른 접객

꽃집에서 꽃을 구입하는 고객들의 성향은 실로 다양한데, 일반적으로 가격 중시형 고객, 품질 중시형 고객, 서비스 중시형 고객, 인간관계 중시형 고객으로 구분할 수 있다.

가격 중시형 고객은 상품의 여러 면 중 가격을 가장 중시하는 고객이다. 주로 업무용에 많이 이용되는 상품을 구매하는 고객들인데, 상품에 대한 지식이 없기 때문에 비싼 것이 좋다는 생각을 갖고 있는 사람들이 많다. 반면에 같은 상품이라도 가격이 저렴한 것을 선호하는 사람들도 있다. 이렇게 가격에 민감한 고객들의 성향을 파악하고 비싸게 팔거나 저렴하게 파는 등 그에 맞출 필요도 있다.

품질 중시형 고객은 꽃을 구입할 때 품질을 제일 중요시하는 고객이다. 가격에 상관없이 품질이 좋은 것을 구매하는 경향이 있는 고객들이므로 절화 상품으로 꽃바구니 등을 만들 때는 고급 소재를 활용하여 제작한다. 관엽식물 등도 고급 식물을 분위기 있는 화분에 심어 접객하는 등 다양하고 고급스러운 상품으로 접객해야 한다.

서비스 중시형 고객은 품질이나 가격보다는 서비스를 중시하는 고객이다. 서비스를 중요시하는 만큼 구매와 결제가 편리한 온라인 판매, 배달 시 바이올린 연주나 깜짝 이벤트 등 다양한 서비스를 제공하는 것이 좋다.

인간관계 중시형 고객은 말 그대로 인간관계를 중시하는 고객이다. 꽃에 대한 깊은 지식이 없는 상태에서 인간관계 때문에 꽃을 사용하는 비율이 높으며, 꽃도 안면이 있는 꽃집에서 구입하는 경향이 많다. 그러므로 이러한 고객과는 모임이나 단체 활동을 통해 인간관계를 유지하고 꽃집을 방문했을 때에도 차 등을 대접하여 친밀도를 돈독하게 유지한다.

정보 제공

꽃집을 방문한 고객이나 통신상으로 주문한 고객에게 정중한 말씨나 공손한 태도 외에 정보를 제공해주는 것도 판매를 촉진하고 신뢰감을 얻을 수 있는 방법이다. 꽃집과 관련된 정보에는 꽃 이름과 꽃말, 꽃의 효율적인 선물 방법, 멋있는 메시지 문구, 상품의 관리요령, 상품을 안전하게 운반하는 방법, 꽃의 신선도를 오래 유지하는 법 등 다양하다. 평소에도 이와 관련된 지식을 쌓아두고 접객 시 적극적으로 활용하는 것이 좋다.

접객 시 홍보와 정보 수집

접객 시 홍보

꽃집을 방문한 고객은 가장 좋은 영업 대상이다. 적어도 한 번쯤은 꽃을 샀거나 앞으로도 살 가능성이 많은 고객이기도 하다. 여러 꽃집 중 우리 점포를 선택한 것은 이유야 어떻든 점포를 어필할 수 있는 절호의 기회를 준 것이므로 상품이나 서비스 등 모든 면에서 최대한으로 어필하고 다음 거래로 연결되도록 해야 한다.

꽃집에서는 홍보물을 제공하거나 명함을 건네주면 다음 거래로 연결하는데에 효과적이다. 그렇다고 해서 명함이나 홍보물을 강제적으로 주면 고객이 난처해 할 수도 있으므로 자연스럽게 줘야 한다.

가령 꽃을 주문하고 직접 가져갈 때는 꽃다발이나 꽃바구니로 포장하는 사이에 고객은 기다리게 되는데 이때를 이용한다. 즉 꽃을 건네줄 때 "오랫동안 기다리게 해서 죄송합니다. 다음부터는 오시기 전에 전화를 주시거나 배달을 의뢰하시면 훨씬 편리합니다" 하면서 자연스럽게 명함이나 홍보물을 건네면 된다. 특히 젊은 사람이 사랑의 선물용으로 꽃을 구입할 때는 그 시기에 꽃 구입이 집중되므로 반드시 명함을 주면 좋다.

접객을 통한 고객정보 수집과 관리

꽃집에 한 번이라도 방문한 고객이 다시 방문하거나 통신상으로 꽃을 주문하게 하려면 상품, 가격, 접객 측면에서 만족을 주는 것과 동시에 꽃집의 정보를 제공해주어야 한다. 아무리 좋은 상품을 싸게 판매하고 친절하게 대해도 고객이 그 꽃집을 기억하지 못하거나 기억을 해도 거리상으로 떨어져 있고, 고객 자신이 적극성이 없을 때는 거래가 중단되기 쉽다. 따라서 거래관계를 계속 유지하기 위해서는 접객 시 고객정보를 수집하여 필요 시에 쉽게 구매할 수 있게 하는 정보를 발신해야 한다.

고객의 정보 수집 방법은 여러 가지가 있으나 꽃집에서 쉽게 할 수 있는 것은 명함 교환이나 고객카드를 받는 것이다. 점포 명함을 건네주면 고객 측에서도 자신의 명함을 주는 경우가 많다. 이렇게 해서 받은 명함을 모아 고객정보 자료로 활용할 수 있다. 또 실례가 되지 않은 범위 내에서 고객카드를 작성하도록 하여 관리하는 것도 좋은 방법이다.

03 일일 업무

의의

꽃집 업무는 들쭉날쭉하여 바쁠 때는 한없이 바쁘고 한가할 때는 심심할 정도로 한가하다. 때때로 정말 바쁠 때는 주문에 제대로 대응하지 못하고 시간이 부족해서 주문량을 전부 소화하지 못하는 경우도 있다. 이러한 문제점에 대응하기 위해서는 하루하루의 일을 점검하고 한가한 시간대를 계획적으로 활용하는 것이 좋다. 일일 업무는 하루의 일을 점검하고 계획적으로 하는 것 외에 진열이나 청소, 상품 관리, 스케줄 체크와 준비가 있는데 모두 하루의 업무를 유연하게 하고 다음날의 대응책 마련 측면에서 중요하다.

출근 직후의 업무

아침에 출근하면 제일 먼저 그날의 업무를 체크하는 것이 좋다. 체크할 업무 중에서 비중을 두어야 할 것은 배달상품 점검이다. 당일 배달이 예약된 상품들이 모두 제작되었는지 여부, 상품과 함께 배달해야 할 케이크나 샴페인 등의 부가상품과 메시지카드도 준비되었는지 점검한 다음, 문제가 있으면 대책을 세워놓는다. 당일 배달상품의 점검이 끝나면 시간대별로 배달 계획을 짜놓고 착오가 없도록 한다.

꽃집에 직원이 많은 경우에는 다른 직원이 주문을 받아놓고도 잊어버려서 전달이 안 되는 경우도 있으므로 항상 주문 내역을 확인해두는 것이 좋다. 주문접수증이나 예약 상품의 점검이 끝나면 청소를 하고 진열된 상품을 점검하며, 그날의 절화 가격도 확인해둔다.

낮 시간대 업무

꽃집 업무는 정해진 일정이 아니라 그때그때의 주문 내용에 따라 대응하는 식으로 진행된다. 그러므로 주문이 없는 시간대는 주문에 대한 준비나 대기 시간이 되는 셈이다. 꽃집에서 낮 시간대의 업무는 주문에 대응하는 시간 외의 시간으로 이 시간을 활용하는 방법은 다음과 같다〈그림 9-1〉.

상품의 점검 및 관리

꽃집에서 취급하는 상품은 대부분 생물체로서 관리해주어야 하지만 꽃집의 업무 특성상 시간을 정해놓고 관리할 수 없다. 따라서 틈나는 대로 점검하고 관리해야 하는데 절화는 신선도 유지를 위한 물통의 물 갈아주기, 사용 일정에 맞도록 개화 속도를 조절하는 것이 주요 관리 내용이다. 이외에 백합류는 꽃이 피는 즉시 수술을 제거해야 된다. 수술을 제거하지 않으면 꽃가루가 백합은 물론 다른 꽃도 오염시키기 쉽기 때문이다. 장미꽃은 바깥 꽃잎이 너무 피거나 오염된 것을 틈틈이 제거해야 한다.

관엽식물이나 난은 온도, 관수, 광 관리, 병충해 관리 등 생육 관리를 해주어야 한다. 특히 꽃집에 오랫동안 둔 관엽식물은 햇빛을 받는 쪽으로 모양이 굽어진 것도 있는데, 이런 것은 방향을 바꿔준다. 또 밑의 잎이 노란색이나 갈색으로 변한 것, 햇빛을 받지 못한 부분의 잎이 죽은 경우도 제거해주는 것이 좋다.

상품의 구매 및 준비

꽃집에서 꽃을 구매할 때는 보통 하루나 이틀 간격으로 정해놓고 하는 경

그림 9-1
주문이 없는 시간대는 꽃 상품의 점검 및 관리를 한다.

그림 9-2
완성 상태의 상품을 준비해놓으면 주문 즉시 판매나 배달이 가능하다.

우가 많은데, 상황에 따라서는 특정 종류가 부족할 수도 있다. 그러므로 구비된 상품의 추이를 지켜보며 부족한 것은 보충하는 식으로 구매해야 한다.

재료 상태의 상품을 준비해두는 것과 함께 완성 상태의 상품을 준비해두는 것도 효율적이다. 관엽식물이나 난은 시간적 여유가 있을 때 미리 포장해두면 주문 즉시 판매나 배달이 가능하다〈그림 9-2〉. 절화상품은 미리 제작해놓으면 상품의 수명이 짧아지거나 재고 발생의 염려가 있다. 하지만 매일 일정량이 판매되는 꽃집에서는 근조화환이나 꽃바구니를 미리 제작해놓으면 급한 주문에 신속하게 대응할 수 있고, 특정 시간대에 주문이 몰릴 경우에도 일을 분산시키는 것이 가능해 효율성을 높일 수 있다.

한편 꽃집의 상품 중 꽃다발이나 꽃바구니 등 일부 상품은 분업화가 가능하다. 틈틈이 리본을 접어놓고, 바구니를 포장해놓는다든지, 물을 흡수시킨 오아시스를 바구니에 세팅시켜 놓는 등 제작 과정 중의 일부 단계를 미리 해놓으면 상품 제작 시간이 단축되기 때문에 일을 분산시킬 수 있고, 고객의 주문에도 신속히 대응할 수 있게 된다.

고객 관리 및 매출 관리

꽃집의 유지 발전을 위해서 고객 및 매출의 개발과 관리는 매우 중요하지만 꽃집 업무 특성상 별도의 시간을 내기란 쉽지 않다. 따라서 배달이나 접객 시간, 그리고 틈나는 대로 고객과 매출을 관리해야 한다. 수시로 고객이나 매출의 증감 여부와 그 원인을 분석하고 대응책을 마련해야 한다.

미수금 및 입출금 관리

꽃집에서는 통신주문 비율이 높은 만큼 판매상품 대금은 통장으로 입금되거나 수금해야 한다. 그런데 상품 판매 후 수금까지의 기간이 길어지면 확인이 쉽지 않고 수금이 어려워진다. 그러므로 매일 입금 내역을 확인해야 한다. 입금 내역을 확인할 때는 주문자와 입금자가 다른 경우도 많은데, 입금자가 확실하지 않는 경우는 주문자에게 전화를 걸어 입금 여부와 함께 입금자를 확인하여 수금률을 높여야 한다.

한편, 미수금을 받는 것 못지않게 시외 지역이나 위탁업체에 꽃배달을 주문할 때 결제를 빠르게 해주는 것도 중요하다. 결제가 미뤄지면 신용이 하락하고 다음 거래가 어려워질 수 있다. 또 작은 금액이라도 결제가 자꾸 미뤄지면 금액이 쌓여 큰돈이 되고 나중에는 결제 자체가 부담이 될 수 있다.

퇴근 전 업무

퇴근 시에는 피곤에 지쳐 이것저것 돌볼 겨를 없이 퇴근하기에 바쁜 경우가 많다. 그렇지만 피곤해도 꼭 확인해야 될 일이 있다. 주문이 들어올 때는 당일 주문도 많지만, 거래처에 따라서는 월초에 1개월 치를 주문하거나 며칠 전에 예약하는 경우도 있으므로 퇴근 전에 반드시 예약 상품을 다시 한 번 확인하여 상품이나 관련 자재 및 대응책이 준비되었는지 점검해야 한다.

점검 결과 타 지역의 배달상품이 예약되어 있는데도 통신배달 주문을 하지 않았다면 그 즉시 발주해야 한다. 다음날 오전 중에 배달 예약이 있어도 상품이 준비되지 않았다면 제작과 배달 계획을 세운 후 퇴근해야 한다. 내일 출근해서 처리해야겠다고 연기해버리면 자칫 클레임이 발생할 수도 있다. 왜냐하면 예약이 비어있던 다음날 아침에 급히 배달을 요구하는 상품의 주문이 들어오는 경우도 있기 때문이다. 그렇게 되면 충분히 시간을 갖고 제작할 수 있었던 예약 상품인데도 시간에 쫓겨 부실해지거나 배달시간을 어기게 되는 경우도 발생한다.

또 타 지역의 배달상품도 미리 발주해놓지 않으면 상대 꽃집의 상황에 따라 주문 내용을 처리하지 못하는 경우도 발생할 수 있다. 따라서 다음날 상품에 대한 대응책까지도 미리 마련해두어야 한다.

상품에 대한 점검이 끝나면 그날의 매출 상황과 업무, 다음날의 스케줄, 자재나 상품의 과부족, 상품의 진열상태 등 전반적인 것에 대해 다시 한 번 점검한다. 퇴근할 때에는 전기, 난로, 문단속 등 점포의 안전 점검이 필수이다.

매출일계표와 업무일지 작성

매출일계표 작성

매출은 매일 관리하면서 조금이라도 더 향상시키려고 노력할 때 오른다. 따라서 매일 매출일계표를 작성하는 것이 좋다. 매출일계표는 하루 매상을 상품별, 주문자별, 판매 방법별 등으로 구분하여 종합한 일람표이다. 매출일계표 작성은 매일 해야 하므로 의지와 끈기가 없으면 힘든 일이다.

꽃은 계절과 기념일, 그리고 각종 행사나 날씨에 따라서 가격이나 매출 변화가 큰 상품이다. 가격이나 매출 변화의 폭이 크다는 것은 그만큼 수요에 대처하는 것이 쉽지 않다는 것을 의미한다. 뒤집어 생각하면 변화에 효율적으로 대처하면 그만큼 이익이 많이 남는다는 것을 의미하기도 한다. 따라서 매출일계표에 그날의 품목별 판매수량과 매출금액, 가격, 고객정보, 기후, 정치 및 경제 사건, 유명인사의 죽음, 디스플레이 변경 등을 적어두어 자료로 활용해야 한다.

이렇게 매출일계표를 작성해보면 다음 해부터는 이것이 가장 믿을 수 있는 판매 지침이 된다. 표를 보고 어떤 상품이 어느 때에 잘 팔리고 기후나 기온이 판매에 어떤 영향을 미치는가를 알 수 있다. 또 기념일의 판매량을 예상하는 것이 가능하며, 여러 가지 자료에 기초해서 구매 계획에서부터 인력 활용까지 합리적으로 할 수 있고 판매촉진에도 크게 도움이 된다. 아울러 그날의 판매 건수, 매출액 등이 바로 파악되므로 매출 증대를 위해 의욕을 갖고 노력하게 된다.

업무일지 작성

꽃집 업무는 매일 같은 일이 반복되는 것 같으면서도 돌발 상황이 발생되는 경우가 많다. 그러므로 매일 매출일계표와 함께 업무에 관련된 내용을 일지로 기록해놓으면 경영에 좋은 지침서가 된다. 특히 작업 과정이나 접객, 판촉 활동에서 개선해야 할 점과 좋은 아이디어 등이 떠오르는 경우에는, 이를 메모해놓고 실천하면 꽃집이나 개인의 발전에 크게 도움이 되므로 업무일지를 마련해놓고 기록해야 한다.

04 개업 후 발생하기 쉬운 문제점과 대응책

운영자금과 매출

운영자금의 부족

꽃집을 개업한 후 순조롭게 운영되면 좋겠지만 반드시 잘 되는 것만은 아니다. 창업 전에 생각했던 만큼의 수익이 조기에 오르지 않으면 개업 후 2~3개월 후에는 자금난에 부딪히기 쉽다. 보통 개업 후 상품이 팔리면, 그 이익으로 다시 상품을 사고 나머지를 이윤으로 잡기 때문에 일단 개업할 때까지만 자금을 투자하는 경우가 많다. 그런데 개업 당시 인건비나 공과 잡비 등여러 비용이 들어간 것에 비해 창업 초창기에는 대부분 판매량이 많지 않아이윤이 생각보다 적게 발생하기 쉽다. 판매가 순조롭게 증가해도 꽃집의 특성상 외상거래에 의한 미수금이 많아지는 데 비해 상품 구매 비용은 계속 들어가므로 자금난에 부딪히는 것이다.

그러므로 개업 전에 자금 운용 계획을 세울 때는 개업 이후 1~3개월까지의 운용 자금도 생각해서 넉넉하게 준비해두는 것이 좋다. 개업 후 상품을 판매할 때는 가능한 현금 판매율을 높이고, 외상거래도 수금까지의 기간을 최소화하여 자금 회전이 원활하도록 해야 한다.

꽃집을 개업한 후에 생각보다 순조롭게 매출이 증가하다가 한두 달 후에는 급격히 감소하는 경우나 매출이 거의 없다가 한두 달 후에 증가하는 경우 등 매출의 다소(多少)와 증감(增減)도 쉽게 발생하는 문제이다. 꽃집의 매출 변화가 이렇게 심한 것은 꽃이 잘 팔리는 시기와 잘 팔리지 않는 시기가 있다는 게 하나의 원인이다. 그러므로 개업한 시기나 매출이 증감하는 시기가 꽃이 잘 팔리는 시기인지 아닌지 살펴보고, 관련이 없다면 상품, 가격, 접객 부분에 대한 전반적인 검토가 필요하다.

한편, 처음부터 매출이 거의 없다면 심각한 문제다. 고객이 있어야 평가를 받을 수 있고 그것을 바탕으로 부족한 부분을 보완하여 발전할 수 있는데 그런 기회조차도 없기 때문이다. 그러므로 일단 고객을 개발하는 데 집중해야 한다. 고객 개발은 목표 고객이 명확하지 않은 개인 고객보다는 회사나, 꽃배달 수주전문업체, 꽃배달 회사 등 거래하는 순간부터 어느 정도의 주문량이 있는 곳을 우선적으로 개발하여 매출을 증가시켜야 한다.

상품의 구매와 관리

상품의 구매와 구성

꽃집 업무 중 상품 구매는 생각보다 많은 경험이 필요하다. 품질이 좋고 나쁜 상품을 구별하는 지식도 그렇지만, 구입 적정량이나 구입한 상품이 잘 팔릴 것인가 여부를 판단하는 것도 쉽지 않다. 좋고 나쁜 상품을 제대로 구별하지 못하면 같은 가격으로 나쁜 상품을 사게 된다. 결과적으로 비싸게 사는 것으로 경쟁력이 떨어지고, 판매율도 떨어져 재고가 되기 쉽기 때문에 가능한 빠른 시일 내에 상품 고르는 법을 익혀야 한다.

품질이 좋은 상품을 구별하는 것과 함께 잘 팔릴 수 있는 상품을 구입하는 것도 중요하다. 창업 초기에는 경영주 자신이 보기 좋아 구입한 상품이 팔리지 않고 고객들은 매장에 없는 것만 찾는 경우도 종종 발생한다. 이렇게 되면 상품 구색이 갖춰지지 않아 고객들로부터 외면당하기 쉽다. 때문에 상품을 보는 안목을 길러야 하는데, 좋은 방법은 꽃 도매를 하는 사람에게 상담, 지도를 받는 것과 고객들이 어떠한 특성을 가진 것을 선호하는지 조사, 분석하는 것이다.

절화는 꽃의 구매량과 판매량 간에 차이가 있어 재고가 발생하거나 혹은 부족해서 못 파는 경우도 발생한다. 이때 구매량과 판매량의 차이는 그대로 점포의 매출에 영향을 미친다. 즉 '구입본수 − 판매본수 = 손실'이 되고 '구입본수 − 판매본수 = 비효율'이 된다. 이것은 숫자상의 문제뿐만 아니라 새로운 상품을 구입하는 데도 장애가 된다. 재고가 있을 경우 자연히 신선하고 새로운 꽃을 구매할 때 망설여지고, 이는 신선한 꽃을 팔지 못하는 원인이 된다. 즉 상품 회전율이 늦어진다는 것이다. 따라서 '구매량 = 판매량'이 되게 해야 하는데, 이것은 그날의 판매량을 요일, 날씨, 기념일 등 다양한 요인과 결부시켜서 분석하게 되면 어느 정도로 맞출 수 있게 된다.

한편, 처음 상품을 구매할 때는 방문구매를 하다가 일정 시기가 되면 전화로 구매하게 될 때도 있는데, 이때는 ① 원하는 상품이 안 오는 경우, ② 가격이 잘못 책정된 경우, ③ 상품의 개수가 틀리는 경우, ④ 품질이 떨어지는 경우 등이 발생하므로 철저하게 확인하고, 문제가 있을 때는 곧바로 상품을 교체하거나 가격을 정정해야 한다.

절화의 신선도 유지 방법, 개화 속도 조절은 꽃의 종류에 따라 달라 어느 정도의 경험이 필요하다. 개업 초기에는 경험 미숙으로 물오름이 잘 안 되어서 시드는 경우나 개화 속도 조절을 못해 제때에 사용하지 못하는 경우가 발생한다. 따라서 이론 공부를 충실히 해놓는 것은 물론, 문제가 생겼을 때는 책이나 도매상 등을 통해 그 원인을 파악하고 대책을 세운다. 개화 속도는 적은 양의 꽃을 다양한 환경에 두어 꽃이 피는 정도를 체크하면서 감각을 익혀두는 것이 좋다.

관엽식물이나 난, 선인장, 분화류 등은 건조, 과습, 광 관리의 잘못으로 상품의 품질이 떨어지거나 죽게 되는 수도 있다. 따라서 이들 식물은 상품을 구입할 때 그 특성을 반드시 파악하고 그에 맞게 관리해야 한다. 벤자민고무나무와 같은 일부 관엽식물은 구입 후 분갈이를 하거나 환경을 바꾸면 많은 잎이 떨어지므로 순화에 대해서도 공부해두어야 한다.

수발주와 배달

꽃집을 창업하기 전에 연수를 받아도 실수하기 쉬운 부분이 수발주 업무이다. 주문을 받을 때는 매장에서 직접 주문받는 경우, 전화나 팩스로 받는 경우, 인터넷으로 받는 경우 그리고 정기적인 의뢰를 받는 경우 등이 있다. 어떤 경우라도 상품의 차이, 가격, 배달지, 배달일과 시간, 대금결제 방법, 받는 사람과 주문한 사람의 연락처, 메시지 내용과 글씨 등을 명확히 기재하고, 발주 시에도 이를 명확히 전달해야 한다. 그런데 개업 초기에는 자칫 한두 부분을 빠트리거나 착오로 인해 배달, 납품, 수금 등에 문제가 발생할 수 있다. 따라서 전화기나 계산대 주변에는 주문접수증, 볼펜, 발주 장부를 항시 마련해 두고 수발주 시에 꼼꼼히 체크해야 한다.

배달

꽃집을 경영하다 보면 많은 문제가 발생하는 것 중 하나가 배달이다. 배달할 때 발생하는 문제로는 급정차, 급출발에 의한 상품의 파손, 배달시간의 지연, 메시지카드의 분실 등이 있다. 기념일에는 경험 부족으로 배달이 겹치거나 배달을 빠뜨리는 경우, 시간 지연 등의 문제도 많이 발생하므로 사전에 점검하여 예방해야 한다.

인간관계

꽃집을 하면 시간적인 여유를 갖기 힘들다. 쉴 틈 없이 바빠서 그렇다기보다 언제 어떻게 들어올지도 모르는 주문에 대응해야 하기 때문이다. 시간적 여유가 없다 보니 꽃집 일을 하기 전에 맺었던 인간관계를 제대로 유지하지 못하는 경우도 발생한다. 그런데 꽃집의 매출은 인간관계에도 많은 영향을 받기 때문에 무작정 꽃집을 지키고 있는 것보다 다른 사람들과의 관계를 계속 유지할 수 있도록 노력해야 한다.

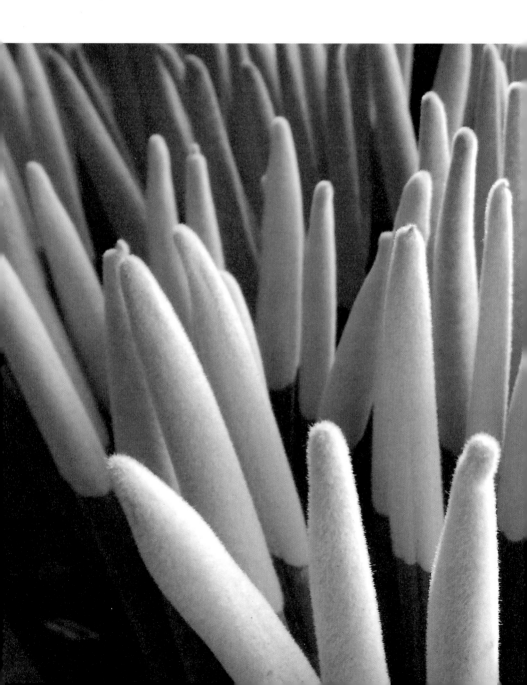

10
Chapter

꽃집 개업 후의
수발주와
경영 분석

01 수발주 업무

의의

꽃집의 수발주 업무는 점점 복잡해지고 있다. 판매상품이 단순하고 방문구매 비율이 높았던 과거에는 매장에서 고객이 원하는 상품을 제작해주거나 판매하는 것이 주였다. 그런데 현재는 전화, 인터넷, SNS(Social Network Service)를 이용한 주문 등 그 방법이 다양해졌고, 주문처도 개인이나 회사 외에 꽃집, 온라인업체, 꽃배달 체인, 은행, 홈쇼핑 등으로 많아졌다. 게다가 주문에서 납품까지의 유통 단계도 늘어났다. 상품이나 배달 방법도 다양해져 주문 시 요구 조건도 증가했다.

이처럼 주문에서 유통까지의 단계가 길어짐에 따라 수발주 관련 실수가 늘어나고 있다. 하지만 반대로 정확하고 효율적인 업무 처리로 소비자가 주문한 상품을 정확하게 납품하면 꽃집의 신뢰도를 향상시킴과 동시에 꽃집의 마케팅 수단으로도 활용할 수 있게 되었다.

방문 및 전화 주문에 의한 수주

고객이 꽃집을 방문하여 주문하는 것이다. 고객이 상품을 직접 보거나 카탈로그를 보면서 선택할 수도 있고, 꽃집에서 상품을 직접 제안할 수도 있다. 따라서 주문하는 고객과 수주하는 꽃집 간의 의사소통이 분명해져 문제가 발생할 비율이 적다. 그렇지만 고객이 방문했을 때 꽃집에서 능숙하게 접객하지 못하면 교섭시간이 길어질 뿐만 아니라 이미지에도 부정적인 영향을 미칠 수 있다. 그러므로 다음 사항에 유의하면서 수주하는 것이 좋다.

① 고객이 방문하면 최대한 친절하고 공손한 태도로 접객하되 자신감 있게 대한다. 고객을 맞이하는 사람이 자신 없어 하면 점포에 대한 믿음이 약해진다.

② 고객이 직접 갖고 갈 것인지 배달을 의뢰할 것인지 파악한다. 직접 갖고 갈 것이라면 상품이 있는 곳으로 안내하여 상품을 선택할 수 있게 한다. 배달을 의뢰할 것이라면 접객 테이블로 안내한 후 주문접수증 양식에 따라 주문 내용을 기록한다. 상품을 선택할 때는 직접 상품을 보거나 상품 카탈로그를 통해 선택하도록 하고 조언해주는 것이 좋다. 상품 카탈로그나 포트폴리오를 갖추어놓으면 수주도 편하고 제안도 쉽게 할 수 있다.

③ 상품의 품목, 용도, 받을 사람에 대한 정보, 선물할 장소나 분위기, 희망하는 꽃과 디자인, 가격대를 파악한다. 주문자가 머뭇거릴 때는 고객의 의도를 파악한 후 전문가로서 의견을 제시하거나 적당한 상품을 제

안한다.

④ 상품의 품목, 가격대, 디자인 등을 확실히 결정한다.

⑤ 최상의 꽃을 사용하여 성심성의껏 제작하거나 포장한다.

⑥ 운반에도 견딜 수 있도록 디자인하고, 꽃이 오랫동안 신선할 수 있도록 신경 쓴다.

⑦ 상품이 완성되면 확실히 전달한다. 완성된 상품을 보고 나서 배달을 의뢰할 경우에는 받는 사람, 배달지의 층수나 호실까지 확실히 기록하고, 메시지카드 및 리본 글씨 여부나 문구를 결정하도록 한다.

⑧ 완성된 상품을 건네줄 때는 바르게 드는 법, 바르게 운반하는 법, 보관법 및 이용법을 알려준다.

전화 주문에 대한 수주

전화로 꽃을 주문하는 사람이 늘어 전화로 거래하는 비중 역시 증가하고 있다. 어떤 꽃집은 전체 주문량 중 전화 주문이 90% 이상인 경우도 있다. 이처럼 전화는 꽃집에서도 매우 중요한 마케팅 수단으로 자리 잡았다.

전화 통화로 꽃을 팔 때는 구매자가 상품을 볼 수 없기 때문에 전화 받는 사람의 응대로 상품을 연상하고 그것이 꽃집 이미지가 되기 쉽다. 그러므로 꽃집에서 전화 예법은 그 자체가 상품이나 마찬가지이며, 전화 응대를 잘하면 거래가 시원스럽게 이루어지고 신뢰감도 쌓이게 된다.

전화로 주문을 받을 때는 전화기 옆에 항상 주문접수증과 볼펜 그리고 입금 계좌번호를 적어두어서 주문접수증 양식에 따라 기록한다. 또 대금을 통장으로 입금하길 희망할 때는 계좌번호를 불러주거나 문자메시지로 보내준다. 이때 전화로 수주를 받은 사람과 상품을 제작하는 사람, 배달하는 사람이 각기 다른 경우도 있으므로 주문을 받을 때는 고객의 요구사항을 자세히 적어두고 상품 제작자나 납품하는 사람에게 제대로 전달해야 한다. 다음은 전화 주문에 대응하는 기본적인 방법이다.

① 전화 주문을 받을 때는 먼저 고객 관리, 결제 안내, 배달 시 문제 발생 등에 대비하기 위해 주문자의 이름과 소속, 전화번호(전화기는 발신자 번호가 표시되는 것을 활용하면 더욱 좋다)는 꼭 확인하여 기록해둔다. 가능하면 문자메시지 및 명함 사진을 받아두는 것이 좋다.

② 상품의 종류와 주문 가격에 대해 질문한다. 고객에 따라서는 종류와 가격에 대해 잘 모르는 사람도 있으므로, 어디에 사용할 것이며 어느 지역, 어느 장소로 배달할 것인지를 물은 다음 용도에 맞는 상품을 제안하여 상품과 가격을 결정하도록 한다. 만약 꽃과 함께 다른 선물을 주문할 경우에는 더욱 구체적인 정보를 파악한다. 가령 생일선물용 케이크 등을 주문할 때는 원하는 크기와 메이커, 초의 수 등을 알아보고 기록한다.

③ 상품의 배달지역과 배달시간을 질문하여 기록한다. 특히 배달시간은 명확히 해둔다.

④ 받을 사람의 이름, 전화번호, 주소에 대해 질문한다. 받을 사람에 대한 정보가 부족할 때는 어느 건물 옆이라든가 하는 보충정보를 질문해 기록해둔다.

⑤ 리본이나 메시지 내용에 대해 질문한다. 리본의 경우 보내는 사람의 이름이 틀리는 경우가 많으므로 꼭 확인해야 한다. 메시지 내용의 경우 내용이 길면 팩스나 이메일 등을 이용해 보내주도록 유도한다. 짧은 내용은 휴대전화 문자메시지를 통해 받는다. 만약 꽃집에서 알아서 써달라고 요청하는 경우에는 꽃을 보내는 이유, 받는 사람과의 관계, 반말을 하는 사이인지 여부 등 정보를 파악하고 그에 맞게 써줄 수 있도록 한다.

⑥ 대금 결제 방법에 대해 질문한다. 주문한 상품의 대금을 어떤 방식으로 언제쯤 결제할 것인지, 은행 입금을 한다면 어느 은행, 누구 이름으로 입금할 것인지 물어보고, 주문자와 입금자가 다를 경우 입금 후 확인 전화를 요청한다. 최근에는 모바일 뱅킹도 활성화되어 있으므로 주문과 동시에 모바일 뱅킹을 통해 결제하도록 유도하는 것도 좋다.

⑦ 배달과 관련하여 기타 요청사항을 질문한다. 고객에 따라서는 보내는 사람을 밝히지 말라든지, 꽃을 받은 사람의 표정 등을 배달 즉시 알려달라고 하는 경우가 있으므로 이를 파악하고 기록해두어야 한다.

통신배달에 의한 수발주

통신배달 주문에 대한 수주

통신배달 전화 주문은 전화와 마찬가지로 통신을 통한 주문이지만 전화 주문과는 다소 차이가 있다. 전화 주문의 경우 '주문 고객 → 꽃집'인데 비해 통신배달은 '주문 고객 → 시내 꽃집 → 시외 꽃집' 혹은 '주문 고객 → 꽃집 → 통신배달 체인점 → 꽃집'으로 유통 단계가 길며, 꽃집과 꽃집 혹은 꽃배달 체인점과 꽃집 간의 거래가 이루어진다. 이러한 통신배달 시스템은 유통 단계가 복잡한 면도 있지만 서로 간에 유통 시스템을 잘 알고 있고, 주문은 양식을 갖춘 주문서에 작성한 후 팩스, 이메일, 휴대전화로 송부하는 경우가 많아 실수가 적은 편이다. 하지만 주문을 받은 꽃집 입장에서는 실수를 없애고 신뢰도를 높이기 위해서라도 다음 사항들을 유의해야 한다.

① 팩스는 항상 자동수신으로 해놓는다.

② 주문서를 팩스로 받게 되면 즉시 주문서를 확인하고 주문서에 기재된 발주 꽃집이나 꽃배달업체에 확인 전화를 한다. 확인 전화를 할 때는 주문서에 기재된 배송일과 리본 및 카드 글씨를 재확인하고 당부사항에 기재된 내용을 구체적으로 확인한다.

③ 처음 직거래하는 꽃집, 통신배달 체인점의 회원점이 아닌 꽃집 등에 대해서는 구체적인 정보를 알아두고, 대금 결제 방식이나 입금 날짜에 대해서도 구체적으로 확인한다.

④ 주문접수증을 주문서에 옮겨 적거나 프로그램에 입력한다. 주문서에는 주문서 양식에 따라 기록하되 처음 거래하는 꽃집 등 상대 꽃집에 대한 정보가 축적되어 있지 않은 꽃집의 주문인 경우는 주소 등 구체적인 정보를 기록해둔다.

⑤ 주문받은 사람과 제작하는 사람, 배달하는 사람이 각각 다른 꽃집에서는 주문받은 사람의 이름을 기록하여 두고 상품의 제작자나 배달자가 구체적인 정보를 요구하면 제대로 응한다.

⑥ 주문이 당일 배달되어야 할 경우와 이후인 경우를 분류하여 각각 다른 파일에 철한다. 당일 이후 배달주문은 월계표에 주문처와 품목을 적어 두어 주문 내용을 잊어버리지 않도록 한다. 컴퓨터 프로그램을 갖춰놓으면 일 처리가 더욱더 쉬워진다.

⑦ 주문받은 상품을 주문 내용에 따라 제작하여 완성하고 배달한다. 주문접수증에는 상품의 제작과 배달자의 이름을 적어 추후에 발생할지도 모르는 문제에 대비한다.

⑧ 배달이 완료되면 주문한 꽃집에 인수증을 보내고 예를 갖춰 인사한다. 인수증 원본은 보관해둔다. 고객에 따라서는 휴대전화 인증 사진을 촬

영하여 파일을 발송한다.

통신배달 체인점의 수발주

회원 간 직거래 방식이 아닌 발주 꽃집이 주문의뢰서를 작성한 후 본사로 주문의뢰서를 송부하면 본사에서 확인 후 각 배달지역에 맞는 수주 꽃집으로 주문의뢰서를 재송부하는 방식이다. 본사를 경유함으로써 발주 꽃집이 직접 일일이 배달지역 꽃집에 통화하고 확인하는 번거로움을 없애고 본사와 주문 꽃집 간에 간단한 확인 작업만 하여 수발주가 용이하다. 배달을 의뢰받은 수주 꽃집도 본사와 간단한 확인 작업 후에 상품을 배송하고 배송 후 인수증은 본사를 경유하지 않고 바로 발주 꽃집 팩스나 모바일 기기를 통해 전송한다.

꽃배달업체 및 타 지역 꽃집으로 발주

고객에게 주문받은 것이 타 지역으로 배달해야 하는 상품이라면 대부분 타 지역에 있는 꽃집이나 통신배달 체인점 본사에 통신배달을 의뢰하게 된다. 이때는 수주를 받는 입장과는 반대되는 입장이므로 우선 주문접수증에서 주문받은 내용을 주문서와 인수증에 작성하고 타 지역 꽃집이나 꽃배달 체인점 본사에 송부한다. 주문을 받았다고 전화가 오면 주문 내용 외의 당부 사항을 설명해주고 처음 거래하는 곳이나 직거래 꽃집에는 상품 대금을 결제할 수 있는 계좌번호를 인수증에 적어주길 당부하는 것이 좋다. 배달하는 꽃집에서 배달이 완료되었다는 연락이 오면 가능한 한 빨리 송금한다.

02 배달 업무

배달의 의의와 유형

의의

배달은 고객이 주문한 상품을 원하는 장소로 가져다주는 서비스이지만 꽃집에서 배달은 여러 가지 의미가 있다. 배달이라는 서비스 자체에 바이올린 연주, 이벤트 연출 등 꽃 이외의 상품을 추가하여 다른 꽃집과 차별화하면서 매출 향상도 꾀할 수 있다. 배달시간 준수, 배달복장과 예의 바른 태도, 품질 좋은 상품의 전달 등을 통해 점포에 대한 좋은 이미지를 심어줄 수 있고, 동시에 예비 고객을 실제 고객으로 전환시킬 수 있는 기회가 마련된다. 또 배달 완료 통보나 배달 자체를 통해 꽃집을 홍보할 수 있는 기회도 가질 수 있다. 따라서 배달 업무를 효율적으로 활용함과 동시에 마케팅에 활용할 필요가 있다.

직영

고객이 주문한 꽃배달을 꽃집 경영주나 직원이 직접 배달하는 구조이다. 주로 소규모 꽃집이나 시골 꽃집에서는 이러한 배달 형태를 취하고 있다. 또 규모가 큰 꽃집에서는 배달만 전문으로 하는 직원이 배달 업무를 맡기도 하는데, 이는 다음과 같은 장단점이 있다.

① 장점

배달상품을 직접 전달하여 상품의 '주문 → 제작 → 배달 → 납품'에 이르기까지 책임감을 가질 수 있고, 배달을 통해 꽃집의 홍보와 영업 활동을 할 수 있다. 배달차량이나 배달복장에 꽃집 로고 등을 새겨서 홍보 효과를 높이고, 꽃 외에 음악 연주나 깜짝 이벤트 등을 하여 배달 자체를 마케팅 수단으로 활용할 수 있다. 배달자가 배달 후 주문자에게 통보할 때는 상품을 받은 고객의 분위기와 반응을 주문자에게 생생히 전달할 수도 있다.

② 단점

배달을 직영하면 상황에 따라 인력 활용의 비효율성과 배달차량의 구비 등으로 생산성이 저하되는 경우가 많다. 혼자서 운영하거나 여성들이 운영하는 꽃집에서는 배달 중에 점포 문을 닫아야 하고, 부피가 크고 무거운 상품은 힘과 장비 부족 등으로 제대로 할 수 없는 경우도 있다. 또 배달에 대한 전문성이 떨어져 배달하는 데 시간이 많이 소요되고 배달과 관련된 전문적인 이벤트 연출을 하기 힘든 면도 있다.

위탁 배달

배달 전문 직원이 없거나 있어도 배달 물량이 많을 때 배달을 외부 사람이나 배달업체에 위탁하는 체계이다. 위탁 배달은 배달해야 할 상품 전체를 전적으로 위탁하는 경우와 일부 상품만 위탁하는 형태가 있는데 어느 경우이든 인력의 활용, 배달의 효율성, 생산성 등을 고려하여 결정하는 것이 좋다. 위탁 배달은 시내 배달상품과 시외 배달상품의 배달로 구분할 수 있다.

① 시내 배달

꽃집이 위치해 있는 읍면 및 군 단위나 시 단위에서 근거리의 배달상품만을 위탁 배달에 의존하는 형태인데, 대부분의 꽃집에서 부분적으로 이용하고 있다. 꽃배달 전문업체 외에 콜밴, 모범택시나 콜택시를 이용하는 경우도 있다.

② 시외 배달

시외 배달 주문 상품의 경우 시외의 꽃집에 통신배달을 의뢰하면 20%의 마진이 남고, 시외 수주를 맡을 수 있는 이점이 있다. 반면에 품질에 대한 불신이 문제가 된다. 시외의 꽃집에서도 일정액의 마진을 남겨야 하므로 시내 꽃집에서 생각하는 것보다는 규격이나 품질이 떨어지는 것을 배달할 수 있다. 그렇다고 직접 배달하게 되면 배달료 비중이 커지는 현상이 발생한다. 따라서 이런 꽃집들을 대상으로 생긴 것이 시외 꽃배달을 전문으로 하는 위탁 업체들이다. 현재 서울, 광주를 비롯한 일부 지역에는 시외만 전문으로 배달하는 업체들이 있는데, 여러 군데의 꽃집에서 배달할 것을 모아 한꺼번에 배달하기 때문에 상품 당 배달료는 적은 편이다. 따라서 미리 관련 업체를 파악해놓으면 상황에 따라서 활용할 수 있다.

배달상품의 종류와 배달자의 업무

배달상품의 종류

배달상품은 고객이 주문한 꽃 상품으로 꽃집의 노력 여하에 따라 다양한 상품을 개발할 수 있다. 가령 꽃을 보내는 사람의 영상이나 목소리를 담아서 보내는 서비스, 메시지 전달, 축하 공연 등을 함께 서비스하면 고객이 기대하는 효과는 더욱 커지고 매출도 증대된다. 또 꽃을 받는 사람이 영화 속의 주인공이 된 것 같은 분위기를 연출하는 것은 꽃을 주문한 고객에게 최대한의 서비스를 제공하는 것이며, 단골 고객을 만드는 지름길이기도 하다. 아울러 꽃을 받는 사람이나 주변 사람도 고객으로 만들기 쉽다. 홍보 효과는 물론 꽃값 외의 분위기 상품에 대한 값을 받음으로써 매출액을 증가시킬 수 있다.

배달자의 업무

① 출발 전 점검사항

출발하기 전에는 반드시 주소와 배달 스케줄, 그리고 배달하는 곳의 지리를 파악해야 한다. 배달하기 전에는 배달을 알리는 전화 통화를 한다. 통화를 할 때는 제일 먼저 인사를 하고 "꽃배달을 의뢰받은 ○○꽃집"이라고 밝힌 후 용건을 말해야 하고, 용건을 마친 후에는 정중히 인사하고 전화를 끊는다. 출입이 통제되어 있는 병원이나 회사 및 기타 장소 등에서는 사전에 꽃을 특정인에게 전해주어도 괜찮은가를 알아보고 허락을 받는다.

배달 전에는 상품과 메시지카드, 인수증을 점검한다. 가끔 인수증, 메시지카드 등을 빠뜨리는 경우도 있는데 배달자는 차량에 인수증, 메시지카드, 영수증 등을 항시 비치해두는 것이 좋다. 타 지역의 꽃집이나 체인점 본사의 주문인 경우는 발주 꽃집으로부터 전송된 인수증을 가지고 배송한다.

② 배달 중 상품 관리

꽃은 상하기 쉬우므로 본인의 개인적인 선물처럼 조심스럽게 다루고 급정차나 급출발을 피해야 한다. 배달 중에는 상품이 온도나 광, 그리고 바람에 의해 손상이나 변질될 우려도 있으므로 품질 유지 대책을 세운다. 꽃의 수가 정해진 상품은 배달 중 손상될 경우를 대비하여 여분으로 몇 송이를 가져간다. 만약 배달 중 수선을 하지 못할 정도로 꽃이 망가졌을 경우에는 매장으로 돌아오거나 근처의 다른 꽃집에서 꽃을 사서 손질한다. 만일 배달하는 사람이 꽃 디자인에 대한 지식을 익혀두면 배달 중에 상품이 다소 손상을 입더라도 인계하기 전에 손질할 수 있는 이점이 있다.

③ 배달복장

꽃집의 이미지는 배달자를 통해 소비자에게 전해지므로 정중한 태도와 복장을 갖추는 것이 기본이다. 배달복장은 깔끔하면서 이미지에 맞게 제작된 유니폼 외에 배달상황에 맞는 복장을 갖추고 고객이 선택할 수 있게 하여 복장 자체를 상품화함으로써 다른 꽃집과 차별화시킬 수도 있다. 가령 호텔 등 엄숙한 행사장으로 배달을 갈 때는 연미복을 입고, 어린이들이 많이 있는 곳으로 배달을 갈 때는 캐릭터 복장으로, 많은 사람이 모여 있는 회사나 행사장에는 피에로 복장으로 배달을 하는 등 장소나 받는 사람에 따라 배달복장을 달리하거나 고객이 선택할 수 있게 하는 것이 가능하므로 이를 마케팅에 활용하도록 한다.

④ 배달시간과 행동

배달시간은 철저하게 준수한다. 일반적인 행사의 경우 행사가 시작되기 30분 이전에는 도착시키는 것을 원칙으로 한다. 각종 행사장이나 병원 등에 배달할 때는 차량의 라디오를 끈다. 부득이한 사정으로 배송이 지연될 경우엔 반드시 본부나 발주 꽃집에 배송 지연에 관한 상황을 설명해야 한다.

⑤ 상품 배치

보통 배달상품의 배치는 받는 사람이나 주최 측에서 정해주기 때문에 그에 맞게 배치하면 된다. 꽃 상품이 많이 들어온 곳에 배달을 가서 배치할 때는 가능하면 눈에 잘 띄는 곳에 배치하는 것이 주문자에 대한 예의이며 또한 신뢰감을 얻을 수 있다.

화환같이 큰 상품은 입체적이어서 바람이 부는 날에는 쉽게 넘어지므로 배치할 때는 끈을 준비해 넘어지지 않도록 고정해주는 것이 좋다. 예식장처럼 한 장소에 많은 사람들이 모이고, 시간대별로 각각 다른 예식이 있는 경우 상품을 미리 갖다 놓으면 치워버리는 경우도 있으므로 행사 직전에 배치하도록 한다.

⑥ 상품 전달

배달장소에 도착하여 고객을 대면할 때는 제일 먼저 단정한 자세로 정중히 인사하고 상품을 명확하게 인계(품질 유지 및 인수증 수령, 인증 사진 등)한다. 꽃을 전달한 후에도 정중히 인사하고 상황에 따라서는 축하 인사를 하는 것도 좋다. 꽃을 받는 사람 중에 간혹 꽃에 대해 질문하는 경우도 있으므로 꽃에 대한 기본상식(꽃말, 관리요령 등)을 익혀두어 상품 수령자의 질문에 대답할 수 있도록 준비해둔다.

⑦ 배달 완료 통보

배달이 완료되면 배달자는 매장이나 주문자에게 배달이 완료되었음을 알린다. 다른 꽃집에서 주문을 받아 배달한 경우에는 현지에서 배달이 완료되었음을 알리는 전화를 하거나 인증 사진 및 인수증을 휴대전화로 촬영하여 전송한다. 매장으로 돌아온 후 인수증을 팩스로 보내도 좋다.

한편, 배달 통보 자체도 마케팅으로 활용할 수 있는데 경조화환, 관엽식물 등 통신주문에 응해 배달할 때는 상품을 촬영하여 주문한 꽃집에 보내주면 신뢰감을 얻을 수 있고 홍보도 된다. 또 사랑의 선물을 보내는 사람들에게는 꽃을 받은 연인의 표정을 촬영하여 동영상으로 보내주면 신뢰감과 홍보 효과도 얻을 수 있다.

배달 업무 관리

배달 상황 파악과 대응

배달 업무를 관리하는 사람은 운전자를 보내거나 배달을 위탁한 경우라도 배달지역과 각 경로를 파악하여 배달 여부, 운전자가 돌아오는 데 걸리는 시간 등 전체적인 상황을 파악하고 있어야 한다. 또 배달 나간 상품과 남아 있는 상품을 체크해야 한다. 특히 기념일에 배달할 곳이 많을 때는 반드시 배달표를 만들어주고 접수증에도 배달자 이름과 배달 출발 시간을 적어두고 시간대별로 배달 여부를 확인하여 체크해야 한다.

배달차량 관리

배달차량은 상품을 정확하고 신속하게 전달할 수 있는 바탕이 되며 상품의 안전, 배달 중 홍보 효과, 꽃집의 이미지 관리 등에 있어 다양한 의의가 있다. 특히 배달차량을 독특한 모델로 선택하거나 색상 연출을 하면 차량을 통해 꽃집의 인지도를 쉽게 높일 수 있다. 배달차량은 반드시 보험에 가입하고 항상 청결한 상태를 유지하도록 한다.

위탁 배달을 시켰을 때는 주문자와의 신용 문제가 있기 때문에 정확한 장소와 시간 내에 도착시켜야 하는데, 직접 배달하지 않기 때문에 그 장소와 시간에 제대로 도착했는지 확인할 수가 없다. 더욱이 발주자가 상품이 도착했는지 전화로 묻는 경우가 있으므로 반드시 배달 직후 인증 사진 촬영 및 인수증을 받는 것과 함께 곧바로 배달이 완료되었음을 알려주도록 주지시키는 것도 필요하다.

배달 완료 통보

배달을 완료한 다음에는 반드시 인수증을 촬영하여 주문자에게 발송한다. 꽃배달을 의뢰한 사람은 배달이 잘 되었는지 궁금해하는 경우가 많다. 구애용 꽃을 보내는 경우에는 받는 사람이 꽃을 받거나 거절한 사실 여부, 받았다면 좋아하는 표정이었는지 등에 대해 궁금해하기도 한다. 인사치레로 꽃을 보내는 경우 상대방에게서 꽃을 고맙게 받았다는 연락이 안 오면 배달이 제대로 되었는지 궁금해하는 상황이 발생할 수 있다.

개업식이나 상가로 보내는 꽃일 경우 일단 꽃을 보내놓고 방문하는 경우가 있는데, 이때 꽃 배달 이 되었음을 통보하지 않으면 방문 결정이 쉽지 않다. 이렇게 소비자들이 궁금해하는 사항에 답해주면서 신뢰를 쌓기 위해서도 배달 완료 통보는 꼭 필요하다.

배달 중 발생하기 쉬운 문제점과 대응책

꽃을 배달할 때는 여러 가지 문제가 발생하기 쉬운데 그 대응책은 다음과 같다.

① 주소가 잘못되었거나 배달지를 찾지 못할 경우에는 즉시 사무실이나 주문 고객에게 연락하여 대응책을 마련한다. 계속해서 찾다 보면 배달 요청시간을 넘겨 신뢰를 무너뜨리고 시간과 기름까지 낭비하게 된다.

② 메시지카드가 바뀌거나 분실된 경우, 또는 메시지카드나 인수증을 가져오지 않은 경우가 있는데, 그럴 때를 대비하여 배달차량에는 항상 메시지카드나 인수증, 영수증을 갖고 다니며, 문제가 생기면 사무실에 연락을 취해 다시 작성하도록 한다.

③ 꽃을 받을 사람이 받는 것을 거부하는 경우도 종종 있다. 이때는 받을 사람에게 배달자의 입장과 상황 설명을 하여 받도록 유도한다. 그래도 받지 않으면 사무실이나 주문자와 통화하고 대책을 세운다.

④ 개업식 등에 배달한 상품은 가끔 분실되는 사례가 있으므로 인수자에게 확실히 인계한다. 특히 예식장에 배달한 상품 등은 분실 비율이 높으므로 배달할 때는 결혼식 직전에 배달하거나 인수자에게 확실하게 인계하여 진열 사진을 촬영한다. 만약 분실되었을 경우에는 즉시 새로운 상품을 배달하여 배치한다. 제작할 시간적인 여유가 없을 때는 대행업체에 주문하여 차질이 없도록 한다.

⑤ 배달 중에 접촉사고나 기타 문제가 발생했을 때는 사무실로 연락하여 조치를 취할 수 있도록 한다.

03 수금 관리

의의

꽃집 창업 전이나 창업 초기에는 외상 문제에 대해 크게 신경 쓰지 않는 경영주들이 많다. 그런데 꽃집을 어느 정도 경영하다 보면 외상과 수금 관리는 중요한 문제로 대두된다. 이 수금률은 꽃집의 유형에 따라 큰 차이가 있다.

번화가, 대학가 등에서 꽃다발 위주로 대면 판매하는 곳과 주택가에서 가정용 화분 식물을 대면 판매하는 곳에서는 대부분 현금으로 판매하므로 미수금 비율이 낮은 편이다. 그러나 통신에 의한 배달주문이 많은 일반적인 꽃집에서는 꽃을 배달한 후 수금하기 때문에 미수금 발생률이 높다. 이렇게 미수금이 많아지면 운영자금에 압박을 받고, 수금에 따른 업무량 증가, 손실률 발생, 신상품 구매의 어려움 등 많은 문제점이 발생하므로 창업 초기부터 수금 관리를 철저히 해야 한다.

미수금의 발생 원인과 문제점

미수금의 발생 원인

꽃집은 방문 고객이 많은 슈퍼마켓이나 백화점과는 달리 전화 주문에 의한 판매 비율이 높다. 근조용 꽃처럼 갑작스럽게 수요가 발생하는 것들도 있는데 대부분 상품이 먼저 배달되고 난 후에 결제가 이루어진다. 그런데 그 결제가 제때 안 되고 미수금으로 남는 경우가 많다. 그렇다고 해서 모든 주문에 대해 입금 확인 후 배달하는 시스템을 갖추면 그렇게 하지 않는 꽃집에게 고객을 빼앗기거나 고객과의 인간적인 관계에 금이 가기도 해 이러지도 저러지도 못하는 상태에서 미수금 발생 비율이 높아지고 있는 것이 현실이다.

또한 시외의 꽃집에서 시내로 주문하는 통신배달 비중이 높은 것도 미수금의 발생 원인이 되고 있다. 서로에 대해 잘 알지 못하는 상태에서 통신배달이 이루어진 다음 배달을 의뢰한 꽃집이 결제를 미루거나 심지어 꽃집을 그만둬버리는 상황도 더러 발생한다.

미수금에 따른 문제

① 운영자금의 어려움

미수금이 많아지면 아무리 많이 팔아도 앞으로 남고 뒤로 밑지는 장사가 되고 결국은 운영자금이 부족해진다. 운영자금이 부족해지면 생활비는 물론 직원의 월급 및 각종 비용이 부족해지고 물건 구입이나 판촉 활동도 소극적으로 되는 등 꽃집을 원활하게 운영하기가 어렵다.

② 업무량 증가

꽃집 업무를 하다 보면 업체부터 개인 고객까지 다양하게 상대해야 한다. 몇 군데의 회사만 거래하여 월말에 결산한다면 규모가 크더라도 거래처가 많지 않기 때문에 수금 업무는 그다지 많지 않을 것이다. 그런데 개인 고객의 경우는 외상 단가는 낮은 데 비해 수가 많은 편이다. 가령 100명이 5만 원씩 외상을 하였다면 외상 금액이 500만 원이 되고 이 돈을 수금하기 위해서는 날마다 입금 확인을 해야 하며, 100군데에 전화하거나 방문 수금해야 되므로 수금에 따른 업무량이 증가한다.

③ 손실금 발생

미수금은 그 자체로도 꽃집 경영을 원활하게 하는 데 장애가 되지만, 회수 기간이 길어지다 보면 회수하지 못한 손실금이 발생한다. 즉 꽃을 주문하고 나서 수금까지 기간이 길어지면 그동안 고객에게 신상 변화가 생기는 등 다양한 이유로 수금하지 못하는 일이 발생한다.

④ 외상의 증가와 신용불량

미수금 비율이 높은 꽃집은 현금 유동성이 떨어져 도매상들에게 외상으로 구매하는 경우가 많다. 외상으로 상품을 구입하는 동안 판매 대금이 조금씩 수금되더라도 그때그때 생활비나 기타 운영자금으로 활용하기 쉽다. 그 결과 외상 금액은 더욱 늘어나 급기야 신용불량 꽃집으로 전락하게 된다. 더욱이 타 지역 배달까지 결제하지 못하는 상황이 발생해 도매상뿐만 아니라 업계 내에서 신용불량자가 되어 꽃집을 그만해야 할 상황까지 치닫게 된다.

⑤ 상품 구색

꽃집의 상품 전략은 매우 중요하다. 상품의 질이나 구색을 풍부하게 갖춰놓을 때 새로운 고객을 개척하기도 쉽고 기존 고객을 고정화하기도 쉽다. 그런데 미수금이 많아져 운영자금이 부족해지면 물건을 구입하기 어려워지고, 상품 진열이 어렵게 된다. 그 결과 상품의 구색은 물론 질이 떨어져 새로운 고객을 개척하기 힘들고, 기존 고객을 고정화하기도 어려워진다.

수금과 미수금 관리 방안

미수금이 쌓이면 쌓일수록 꽃집 경영이 어려워지므로 미수금의 비율을 줄이는 것이 좋다. 미수금을 줄이려면 현금 판매가 좋지만, 현금 판매만 하면 매출 증가가 어려우므로 신뢰도가 높은 고객에게만 외상 판매하고 수금 관리를 확실히 해야 한다.

외상 판매율을 줄인다

외상 판매율을 줄이기 위해서는 우선 매장 내의 대면 판매율을 최대한 높여야 한다. 매장 내에서 판매하는 비율을 높이면 결과적으로 현금 판매율이 높아지고 자금 운용이 쉬워진다. 통신주문을 받을 때도 가능하면 주문과 동시에 결제할 수 있도록 유도하고, 통신상에서도 결제할 수 있는 체계를 갖춰놓는다. 즉 텔레뱅킹, 모바일 뱅킹, 쇼핑몰의 결제 기능 활용, 카드 사용 유도로 수금 비율을 높인다.

선택적으로 외상 판매를 하고 지불 조건을 명확히 한다

고객에 따라서는 수금이 걱정되는 사람이나 회사가 있는데, 일단 팔고 보자는 식으로 외상거래를 하게 되면 수금이 어렵다. 그러므로 고객을 충분히 조사한 다음 외상거래를 하고, 외상 판매 시에는 지불 조건을 분명히 명시해 두어야 한다. 특히 통신배달 주문의 경우 업계 내에서 결제가 좋지 않은 꽃집들이 더러 있으므로 사전에 정보를 파악한 다음 결제가 의심스러운 꽃집과는 아예 처음부터 거래하지 않는 것이 좋다.

적극적으로 수금한다

고객 중에는 결제를 해줄 의사가 있으면서도 은행 가기가 귀찮아서 또는 대금의 이체가 귀찮아서 차일피일 미루는 사람들도 있다. 또 여러 군데에 결제해야 할 때 우선적으로 결제를 요청하는 곳 위주로 결제하는 경우도 있다. 그러므로 고객이 불쾌하고 귀찮아하지 않는 선에서 적극적으로 수금한다.

방법은 외상으로 주문한 고객이 근무하고 있는 곳 근처에 배달하러 갈 때 등을 활용하여 허브 화분이나 소품을 들고 방문한다. 근처에 배달 왔다가 들렀다고 하면 크게 기분 나빠하지 않고 결제해주는 경우가 많다. 이때는 휴대용 카드 결제 단말기를 가져가 신용카드로도 결제할 수 있도록 한다.

수금일과 방법을 정해놓고 한다

고정 거래처의 경우 매월 일정한 날과 일정한 방법을 정해놓고 수금하여 고객들이 준비성을 갖도록 한다. 질서 없이 대금을 청구하면 고객들이 돈이 없을 때 청구하기 쉽고, 이것이 쌓이면 고객들에게 불만을 사고 반감을 일으키게 된다.

감정이 상하지 않게 수금한다

고객에 따라서는 지불할 성의는 있으면서도 사정상 지불이 늦어질 때가 있는데, 이 경우에는 가능한 재촉하는 것을 삼가야 한다. 자꾸 재촉하게 되면 감정이 상하고 자존심상 어떻게든 외상을 갚아주지만 그 이후의 거래를 중단해버리는 경우가 많다. 특히 타 지역 꽃집과의 거래에서 미수금을 수금할 때는 전화로 독촉하게 되는데, 통화를 하다 보면 얼굴을 보지 않은 상태이기 때문에 언성을 높이는 경우도 생기게 된다. 언성을 높이다 보면 감정이 상해 끝내 결제해주지 않는 경우까지 발생한다.

그러므로 시외 꽃집에 결제를 요청할 때는 우선 입금 여부를 철저히 확인한 후 결제가 되지 않았다면 외상 내역을 적어 팩스로 송부한 다음 입금 여부 등을 확인해주고 입금을 안 했다면 해달라는 식으로 정중하게 요청한다.

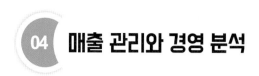
04 매출 관리와 경영 분석

의의

꽃집의 매출은 수시로 분석하고 관리해야 한다. 일 단위, 주 단위, 월 단위, 년 단위는 물론 기념일에 따른 매출을 분석하고 이것을 바탕으로 경영분석을 해봐야 한다. 그래야만 장사를 잘하고 있는지 잘못하고 있는지 알 수 있고 대책을 세울 수도 있다. 매출의 증감이나 경영에 대한 분석이나 대응책도 없이 하루하루를 보내게 되면 이익을 내는지 손해를 보는지 알 수 없다. 매출이 감소하고 경영 성과도 나쁜데 잘 몰라서 대책을 세우지 않으면 빚이 증가하여 끝내는 폐업하는 경우까지 발생한다.

매출 목표 설정과 분석

매출 목표의 설정

꽃집에서 매출과 이익률의 대부분은 경영 성과와 직결된다. 같은 조건에서 매출이 많고 이익률이 높으면 경영 성과가 좋고, 반대로 매출이 적고 이익률이 낮으면 경영 성과가 나빠 운영이 어렵다. 이처럼 꽃집이 잘 운영되기 위해서는 일정량의 매출과 이익률이 발생해야 하므로 정해둔 매출 목표를 달성하기 위해 노력해야 한다.

매출 목표는 먼저 1일당 품목별 대면 판매, 전화 주문 판매, 타 지역 꽃집 주문에 의한 판매, 꽃배달업체 주문에 의한 판매와 같이 품목별로 분류한 다음 매출 목표를 세우는 것이 좋다. 하루에 어떤 형태로 어떤 품목을 어느 정도 팔 것인가 목표를 세워놓으면 매일 점검하면서 목표량 달성 여부에 대해 검토하게 되고, 목표량이 미달될 때는 채우기 위해 노력하므로 매출 증가가 쉬워진다.

하루 매출 목표를 세웠으면 월별로 나눈 다음 품목별로 구분하여 매출액 목표를 세우는 것이 좋다. 꽃집에서 매출액은 계절에 따라 큰 차이가 있으므로 월별에 따른 매출 목표를 세워야 한다. 전년도 경영 분석을 통해 월별 매출 목표를 세우면 한눈에 성수기와 비수기가 비교되고 비수기의 매출 향상 방안에 대해서도 검토할 수 있다.

월별 계획을 세운 후에는 기념일의 매출 계획을 세우는 것이 좋다. 우리나라에서 꽃집의 매출은 기념일의 영향을 많이 받기 때문이다. 화이트데이, 어버이날, 크리스마스의 경우는 점포의 위치나 영업 방침에 따라 하루 매출이 월 매출의 몇 배나 될 때도 있다.

한편, 최근 대부분의 꽃집은 홈페이지나 블로그를 개설하여 소비자들이 온라인으로도 쇼핑할 수 있게 하고 있다. 그 중 홈페이지 개설에 신경을 써서 제작하고 홍보하는 꽃집은 오프라인 판매액보다 온라인 판매액이 더 많은 곳이 있는 반면, 일부 오프라인 꽃집에서는 홈페이지만 만들어놓았을 뿐 온라인상으로는 거래가 거의 이루어지지 않는 경우도 있다. 따라서 온라인 매출을 올리기 위해서는 오프라인 대비 온라인 매출 목표를 세워 온라인의 매출 활성화 방안을 계획하고, 실천하는 것이 좋다.

매출 내역 분석

매출 내역의 분석은 다양하게 할 수 있으나 매출목표로 설정한 것 위주로 하여 일과 주단위로 하는 것이 좋다. 그리고 한눈에 알 수 있도록 한 달이나 일 년 단위는 물론 품목별로 분석해 증감 여부를 전년도와 비교 분석하고 원인과 대책을 세워야 한다. 그 외에 기념일별, 고객별 등 다양한 측면에서 분석하고 목표치의 달성 여부를 점검한다. 매출 내역 분석 결과 목표에 미달될 때는 그 원인이 무엇인지 분석하고 대책을 세워야만 한다.

경영 분석

매출액을 산출한 후 이것을 바탕으로 각종 경영 분석을 하면 경영 성과가 더욱 분명해진다. 경영 분석은 크게 수익성, 생산성, 성장성으로 구분하여 할 수 있다.

수익성

경영이 성립하려면 먼저 필요한 것이 이익 확보이다. 꽃집의 수익성을 매출액의 이익률이나 자본 이익률 등의 관점에서 파악한다.

- 총자본대비 총경상이익률＝경영이익/총자본×100
- 총자본 회전율＝매상고/총자본×100

- 매출액대비 경상이익률=경상이익/매상고×100

생산성

높은 매출액이나 이익률을 유도해도 인건비나 매장에 투자된 비용이 많으면 효율이 떨어진다. 종업원 수나 매장 면적으로 본 생산성 계산 방법은 다음과 같다.

- 판매 생산성(1인당 연매출)=매출액/종업원 수
- 노동 생산성(1인당 조 수익)=매출×조 수익/종업원 수
- 매장 생산성(3.3㎡당 연매출)=매출액×매장 면적
- 상품 생산성(교차비교)=조 수익/재고액×100

유동성과 생산성

자금 상황을 각종 지표에 따라 파악한다. 기업으로 발전하기 위하여 성장성에 주목한다. 매상이나 이익 등의 증가에서 성장률을 파악한다.

11
Chapter

적극적인 운영과
성공하는 꽃집

01 고객 개발과 관리

고객의 범주

꽃은 개인이나 회사 차원에서 구매하지만 꽃집의 고객은 개인이나 회사만 해당되는 것은 아니다. 꽃배달 체인점, 우체국, 온라인업체, 은행, 신용카드 회사는 물론 다른 꽃집도 고객이 되기 때문에 지역 내에 있는 개인이나 회사 외에 은행, 우체국, 타 지역 꽃집까지도 고객으로 개발해야 매출 증가가 쉽다.

고객의 개발

꽃집뿐만 아니라 모든 장사에서 고객을 늘리는 것은 기본 중의 기본이다. 고객이 계속 늘어나면 자연히 매출도 늘어 사업체가 튼튼해진다. 그런데 고객은 아무런 메시지도 발신하지 않는데 스스로 찾아와주는 것은 아니다. 끊임없이 개발하고 관리해야만 고객이 되어주고, 그로 인해 꽃집의 운영과 발전을 기대할 수 있게 된다.

꽃집이 지속적으로 생존하고 발전하려면 우수한 고객을 많이 늘려야 한다.

고객 수가 많이 늘고 있는 한 꽃집은 확대되고 성장하기 때문이다. 하지만 고객을 개발하는 것은 그리 쉬운 일이 아니다. 고객에 따라 대응책이 달라지므로 시내 고객과 시외 고객 그리고 고객의 유형 등 다양한 측면에서 개발 방안을 모색해야 한다.

시내 고객

시내 고객은 꽃집이 위치해 있는 지역의 고객으로 주로 개인이나 회사가 주요 고객이 된다. 꽃집이 위치해 있는 지역의 사람들이 고객이 되므로 꽃집의 외관과 서비스, 소문, 꽃집의 판촉 활동, 꽃집 경영주의 인간관계 등 다양한 요인이 고객 개발에 영향을 미친다.

① 인간관계에 신경 쓴다.

우리 사회는 혈연, 학연, 지연에 대한 애착이 심하고 소속감을 중시하는 경향이 많기 때문에 꽃을 주문할 때에도 인간적인 관계를 유지하고 있는 꽃집 위주로 주문하는 경향이 강하다. 그러므로 인간관계에 신경 쓰고 이를 고객 개발과 연계시킨다.

② 홍보 활동을 한다.

다양한 홍보물 중 가능한 저렴하고 실용적인 것 위주로 선택하고, 꽃집의 존재를 확실하게 알릴 수 있는 내용과 구매욕을 자극하는 내용, 그리고 구매 편리성을 제공할 수 있다는 내용을 담아 목표로 하는 고객들에게 배포한다. 또 지역 정보지 등의 매체를 통해 홍보 활동을 강화한다.

③ 방문구매 고객의 비율을 높인다.

방문구매 고객을 유인할 수 있는 홍보, 디스플레이, 현수막, 꽃집의 외관 연출, 소문 등을 활용한다. 고객이 방문하면 다시 방문하거나 통신 구매할 수 있도록 접객 서비스, 상품, 가격에서 만족할 수 있게 하고, 고객 관리를 위한 정보를 수집한다.

④ 적극적인 영업홍보 활동을 한다.

꽃집에서 고객을 기다리는 소극적인 방식에서 벗어나 고객으로 삼고자 하는 개인이나 회사와의 연결고리를 찾아 영업 활동을 한다. 영업은 인근의 수요층 외에 조금 거리가 떨어진 곳의 사무실 등을 대상으로도 한다. 영업은 별도의 시간을 내어서 하기보다는 꽃을 배달할 때나 평소에 하는 것이 좋다.

⑤ 거래처를 활용한다.

고정 거래처의 주문에 대해 상품이나 가격, 서비스 측면에서도 최선을 다하면 입소문을 통해 다른 거래처를 소개받을 수도 있다. 고정 거래처와 친밀도를 높인 다음 그 거래처의 거래 회사를 소개받는 방법도 있다.

⑥ 인터넷과 SNS를 활용한다.

최근 인터넷을 이용한 꽃 구매가 증가하고 있는데, 이를 적극적으로 활용할 필요가 있다. 꽃집의 홈페이지나 블로그를 개설하여 확실히 홍보하고, 꽃집이나 꽃집의 고유 상품이 자주 노출되도록 하여 구매를 유도한다. 기존의 고정 고객들도 홈페이지나 블로그 및 인터넷 카페를 방문하여 구매하고 구매 즉시 결제하도록 한다. 또 트위터, 페이스북, 인스타그램, 라인, 미투데이와 같은 SNS를 통해 꽃과 꽃집 등에 관한 정보를 적극적으로 발신하여 구매와 연결되도록 하는 것도 중요하다.

⑦ 기타 방법을 생각하고 실행한다.

고객 개발 방법은 생각하면 할수록 많으므로 아이디어를 내어 꽃집의 상황에 맞는 것을 찾아야 한다. 이벤트업체와 공동으로 판촉 활동을 하여 고객을 개발하는 것도 하나의 방법이다.

다른 업종 업체의 고객

우체국, 신용카드, 백화점, 홈쇼핑업체 등 꽃과 관련이 없고 꽃집을 하지 않으면서 주문만 받아 수수료로 이익을 내는 업체들이 있다. 다른 업종 업체와 거래하기 위해서는 이들 업체를 파악하고, 그 업체에서 꽃집을 선택하는 방식이나 기준을 알아본다. 그 다음 자신의 꽃집도 조건이 맞고, 장점이 있다면 내용을 정리하여 교섭한다.

온라인업체

온라인업체 중 일부는 꽃집 대신 사무실만 있어 주문을 받은 다음 전국에 있는 꽃집에 위탁배달을 하는 형태를 취하고 있다. 그러므로 인터넷에서 이러한 업체를 찾은 다음 자신의 꽃집을 보여줄 수 있는 자료를 정리하여 직접 방문하거나 이메일 등으로 연락하여 거래 교섭을 한다.

꽃배달업체 및 타 지역 꽃집

꽃배달업체는 대부분 체인점 형태로 운영되고 있으므로 회원으로 가입하게 되면 자동으로 거래를 유지하게 된다. 타 지역의 꽃집을 고객으로 개발하기 위해서는 자신의 꽃집이 존재함을 알리기 위해 직접 방문하거나 홍보물 등을 보내야 되는데, 요즈음은 체인점 체계가 활성화되어 현실성이 다소 떨어지는 방법이다. 그렇다고 해서 방법이 없는 것은 아니다. 우선 타 지역으로 통신 배달되는 상품 주문을 많이 맡아 타 지역의 꽃집에 주문하게 되면 상대방의 꽃집에서도 역 주문을 하는 경우가 많아져 자연스럽게 거래가 이뤄지기 쉽다. 거래 관계가 이루어지면 한 번쯤은 방문해보는 것도 좋고, 타 지역 꽃집의 주문 상품을 자신의 상품처럼 정성을 다해 제작하고 배달해주는 것은 물론 금전 관계도 깨끗이 하여 이미지 관리를 하는 것도 중요하다.

고객 관리

꽃집이 번성하려면 무엇보다도 고객이 증가해야 한다. 고객을 증가시키려면 새로운 고객을 개발하는 것과 동시에 한 번이라도 이용한 고객을 놓치지 않아야 하는데, 기존 고객은 새로운 고객을 개척하는 데 비해 상대적으로 비용이 적게 들고 접객도 편리하다. 따라서 더욱 만족감을 주는 철저한 관리로 고정 고객화시켜야 한다.

고객의 정보 수집

고객을 효율적으로 관리하기 위해서는 고객의 정보를 파악하는 것이 전제되어야 한다. 고객정보는 이름, 근무처, 구매상품, 상품의 용도 등 꽃 구매와 관련된 것이 있고, 구매와 상관없는 개인의 기념일, 생일 등 고객이나 그 가족의 신상정보가 있다. 이중 꽃 상품 구매와 관련된 일반적인 정보는 꽃 구매 시 주문접수증의 양식에 따라 가능한 상세히 기재해두고 명함까지 받게 되면 어느 정도 파악할 수 있게 된다. 그러나 개인 신상에 관한 정보는 고객카드를 만들어 고객이 기분 나빠하지 않는 범위 내에서 작성하도록 하는 게 좋다. 만약 인터넷에 사이트가 개설되어 있다면 이를 통해서도 고객의 정보를 수집한다. 수집된 정보는 컴퓨터의 고객 관리 프로그램에 등록한다. 그 후 추가로 이용할 때마다 고객의 변동 사항이나 꽃집에서 서비스를 한 내용까지도 수록해두고 이를 종합적으로 분석하면 고객 관리와 반복구매율을 높이거나 상품의 제안, 홍보 등에 훌륭히 활용할 수 있다.

고객 명단의 작성과 활용

꽃집을 창업하여 어느 정도 운영하다 보면 자주 이용하는 고정 고객이 생긴다. 고정 고객들이 늘어나면 고객 정보에 혼동을 일으킬 수 있어 실수하기 쉽다. 따라서 컴퓨터 고객 관리 프로그램이나 고객카드 등을 이용해 관리해야 하는데, 이것들은 고객을 관리할 때는 효율적이지만 필요할 때 쉽게 볼 수 없고 휴대성이 떨어진다. 그러므로 별도로 우수고객의 명단을 작성하여 활용한다. 이러한 방법은 다음과 같은 장점이 있다.

① 주요 고객을 한눈에 볼 수 있다.

요즘 대부분의 꽃집에는 컴퓨터와 고객 관리 프로그램이 있어서 거래처별 주소, 연락처, 수발주 내용과 수금 내역이 입력되어 있는데 고객정보가 세분화되어 있어 필요할 때 언제나 정보를 찾아볼 수 있다. 그러나 그 정보를 이용하려면 프로그램이 입력된 컴퓨터가 있는 곳에서 해야 하는 번거로움이 있기 때문에 꽃을 배달하는 중이거나 영업 중에는 고정 거래처 정보를 쉽게 찾을 수 없는 단점이 있다. 설혹 휴대전화와 연결이 되어도 컴퓨터에서 직접 작업하는 것과는 환경적 차이가 있다. 따라서 고객정보는 컴퓨터나 고객 관리 카드를 활용하여 별도로 관리하되 주요 고객 명단을 휴대전화에 입력해놓으면 고객 관리, 영업, 이동 중에 주문을 받고 연락할 때 간편하게 활용할 수 있다.

한편 고객이 많은 경우는 고객 명단을 작성할 때 회사고객, 개인고객, 타 지역 꽃집 등 카테고리별로 분류하는 것이 좋고, 쉽게 찾을 수 있게 가나다 순으로 정리하는 것이 좋다.

② 리본 글씨의 오자를 줄일 수 있다.

꽃집과 고객 간에 자주 발생하는 문제 중의 하나가 리본 글씨이다. 주로 꽃을 전화로 주문하는 경우에 문제가 많이 발생하기 때문에 꽃집에서는 주문을 받을 때 재확인하거나 휴대전화 문자메세지를 이용하여 오자가 없도록 하고 있다.

그런데 고정 거래처의 경우 주문을 할 때 어디에 누구 앞으로 상품을 하나 보내달라는 식의 주문을 하는 경우가 많다. 이때 회사명, 대표자 이름 등 리본 내용을 하나하나 물어보게 되면 거래처에서는 귀찮아하면서 자신에게 관심이 없다고 여겨 거래 관계를 끊는 경우도 있다. 때문에 회사별 리본 내용을 알아두어야 하는데 꽃집 입장에서는 거래처가 한두 군데가 아니기 때문에 일일이 다 기억하기란 어렵다. 물론 고객카드나 고객 관리 프로그램이 있다면 거래처를 찾아서 리본 글씨 내용을 정확하게 써주면 되지만 바쁠 때는 그럴 만한 여유가 없다. 바로 이때 주요 고객 명단을 만들어둔다면 간편하게 활용할 수 있다.

③ 고객 관리를 수시로 할 수 있다.

고객 명단이 있으면 수시로 명단을 보게 된다. 명단을 보게 되면 거래처에 대한 친밀감이 높아지는 것과 함께 정보 파악도 쉬워진다. 가령 A라는 고객이 있으면 처음에는 그 고객에 대해서만 알게 되지만 점차 그 주변 환경이나 인맥까지도 알게 되는데, 이것은 영업이나 거래 범위를 넓힐 수 있는 기반이 된다.

④ 비상 연락망으로도 활용할 수 있다.

꽃배달을 주문받은 다음 배달을 가보면 배달시간, 장소, 받는 사람이 틀리거나 받는 것을 거부하는 등 여러 가지 돌발 상황이 발생하는데, 이때 고객 명단은 비상 연락망이 된다. 이외에도 거래처의 애경사나 업무 관계상 연락이 필요할 때도 비상 연락망을 활용할 수 있다.

고객의 분류와 대응

꽃집이 지속적으로 성장하고 고객들에게 외면당하지 않으려면 기존 고객에게 더욱더 많은 만족을 줘야 한다. 그러기 위해서는 주요 고객의 성향과 정보를 바탕으로 분류한 다음 각각의 상황에 맞게 대응해야 한다. 그 방법을 고객 관리 측면에서 살펴보면 구매 금액의 다소, 구매 빈도, 친밀도, 지역별, 구매 방식별, 구매 품목별로 구분 등 다양하게 분류하는 것이 가능하다. 고객을 분류한 다음에는 유사한 고객끼리 그룹을 만들어 정리하고 이를 바탕으로 대응책을 마련한다.

가령 고객을 꽃 구입 빈도와 구매액에 따라 분류한 결과 저단가 빈번 구매 고객으로 분류된 고객에게는 할인 등으로 구매를 자극하고 고급 상품이나 보다 비싼 상품 및 신상품과 서비스를 소개하여 평균 구매 금액을 높이는 게 좋다. 또 자주 구매하지는 않지만 구입할 때마다 고단가를 구매하는 고객에게는 금전적인 인센티브, 사은품, 할인쿠폰, 감사카드 등을 활용하여 자주 구매하도록 유도한다.

감사의 표시

고객이 꽃집과 거래를 하게 된 계기는 다양하지만 고객이 계속해서 거래할 것인지 여부는 꽃집에 달려 있는 경우가 많다. 꽃집이 고객이 만족할 만한 상품과 서비스를 공급하면 거래 관계는 계속 유지되기 쉽다. 그러나 고객보다는 꽃집 위주의 상품과 서비스를 제공하고 게다가 고객에게 소홀하면 고객도 인간인 이상 거래를 중단하고 다른 꽃집에서 구매하기 쉽다. 따라서 꽃집에서는 싸고 좋은 상품은 물론 접객과 구매를 비롯한 다양한 서비스를 제공하고 수시로 감사의 표시를 하는 것이 좋다.

구매에 따른 감사의 표시는 소품이나 절화 외에 연초에는 난 화분, 연말에는 달력, 고객의 결혼기념일에는 축하 메시지라도 보내는 등 다양하게 할 수 있으므로 적극적으로 하는 것이 좋다. 단, 구매량이 적고 구매 증가 가능성도 적은 거래처의 경우 자칫하면 감사의 표시만 자주 할 뿐 그것이 거래나 구매량 증가와 연계되지 않아 꽃집의 손실이 되는 경우가 있으므로 사전에 고객의 특성을 최대한 파악한 후 실행한다.

02 기념일의 대응 방안

기념일의 꽃 판매와 구매

의의

최근에는 꽃 소비가 상당히 일상화되었고, 꽃집의 숫자도 많이 증가하였다. 그 때문에 기념일이 되어도 꽃 주문이 여러 군데 꽃집으로 분산되어 예전만큼 집중화되지 않을 뿐만 아니라 기념일의 매출 또한 비수기의 매출 감소분을 대체하고 남을 만큼은 되지 않는다. 그러나 현재도 어버이날과 같은 몇몇 기념일은 매출이 많기 때문에 대응책 마련과 함께 전략적으로 활용하면 기념일의 특수 효과를 톡톡히 볼 수 있다.

기념일의 꽃 판매량

오랫동안 꽃집을 해온 경영주들 중에서 기념일의 꽃 판매량이 예전에 비해 크게 줄었다고 얘기하는 분들이 많다. 실제로 기념일의 절화 소비량은 예전에 비해 많이 감소했지만 그럼에도 어버이날 등은 평소보다는 꽃의 판매량이 많은 편이기 때문에 판촉 활동이나 상품의 제작과 포장, 납품에 이르기까지 대응책을 마련해야 한다〈그림 11-1〉.

그림 11-1

기념일에는 평소보다 꽃 소비량이 많으므로 기념일에 맞는 꽃의 준비, 상품 제작과 더불어 적극적인 홍보를 해야 한다.

기념일용 꽃의 구매

기념일을 대비한 꽃 구매는 꽃집을 몇 년씩 경영해도 어렵다. 기념일을 앞두고 꽃 가격의 변화가 심한 데다가 기념일에 따른 판매 예상량을 쉽게 설정하기 어렵기 때문이다. 꽃 가격은 변화가 심해 어떤 해는 미리 구입하여 꽃 냉장고에 넣어 보관하는 것이 유리할 때가 있는가 하면 또 어떤 해에는 기념일을 3~1일 남겨놓고 가격이 폭락해 미리 구입한 것이 가격이나 신선도 측면에서 손해 보는 경우도 있다. 따라서 경험이 없는 상태에서는 많은 양을 한꺼번에 구입하기보다는 조금씩 분산하여 구매하면서 경험을 쌓는 것이 좋다.

구매량은 꽃의 부족 또는 재고 측면에서 중요한 의미를 지닌다. 너무 적게 준비하면 생산성이 낮고 너무 많이 준비해도 평소보다는 비싸게 구입한 꽃이 재고가 나 생산성이 낮아진다. 그러므로 기념일에 필요한 꽃이나 자재는 기본적으로 전년도의 판매량에다 최근의 판매량 증감 비율 추이를 감안하여 설정하는 것이 좋다. 그러나 이것 또한 일정치 않으므로 기념일에 대한 사회적 분위기, 판촉 활동 정도, 예약률 등을 감안하여 구매하는 것이 좋다.

판매 촉진 활동

홍보

기념일의 꽃 수요는 평상시보다 분명히 많다. 이때 그 수요를 자신의 꽃집으로 얼마만큼 집중시킬 것인가가 홍보의 관점이다. 고객을 집중시키기 위해서는 우선 고정 고객의 반복구매 비율을 향상시키고 예약 주문 비율을 높이기 위해 홍보를 해야 한다. 고정 고객 외에 신규 고객을 개척하기 위해서는 매장에 현수막을 걸고, 기념일 분위기에 맞춰 디스플레이한다. 또 기념일은 단기간에 홍보하여 효과를 볼 수 있으므로 전단지, 인터넷 등 다양한 매체를 이용하거나 DM 발송 등 홍보 활동을 적극적으로 하되 각종 기념일에 따라 예상되는 주 고객층을 명확히 설정하는 것이 좋다.

한편, 판매량은 감가상각비, 제경비 등 여러 가지를 고려할 때 매년 15%씩 신장해야만 현상 유지가 된다는 점을 감안하여 기념일의 판매량도 전년도에 비해 15% 이상 높이는 것이 좋다.

반복구매 비율의 향상

꽃집에서 고정 고객은 점포의 기반을 튼튼하게 만들어준다. 고정 고객은 상품을 반복적으로 구입하는 고객이지만 이들도 처음에는 당연히 신규 고객이었다. 기념일에는 전년도에 구입한 고객의 반복구매 비율을 높이고, 신규 고객은 고객정보를 충분히 수집하여 다음에 활용하도록 한다. 반복구매 비율을 높이려면 고객정보를 수집하고 활용해야 한다. 가령 꽃을 받는 사람이 멀리 떨어져 있어 매년 보내야 하는 사람들이 있다면 이들의 정보를 수집해 놓고 휴대전화, 이메일, 홈페이지 등을 통해 다시 구매할 수 있도록 유도한다.

예약률 향상

꽃집에서는 예약률을 높일수록 생산성이 높아진다. 특히 오프라인 꽃집에서는 예약률을 높이면 일을 분산시킬 수 있고 적정량의 꽃 준비, 제작, 배달 등을 효율적으로 할 수 있다. 온라인업체 역시 상품을 직접 제작하지 않는다 해도 시간당 수발주, 배달 확인, 고객에게 통보 등을 하는 데 한계가 있으므로 예약률을 높이면 높일수록 효율적으로 된다.

예약률을 높이려면 수요가 예상되는 고정 고객의 경우 예약을 할 수 있도록 유도하고, 신규 고객에게도 예약을 하면 혜택을 줄 수 있도록 해야 한다. 특히 매년 타 지역으로 배달을 의뢰하는 고객의 경우 반복구매 빈도가 높으므로 미리 예약을 받아 발주하여 당일의 혼잡함을 덜 수 있도록 한다.

기념일의 상품 전략과 관리

기념일의 상품 전략

기념일에는 판매량이 많은 만큼 생산성 향상을 위해서 가격이 높은 품목 위주로 판매하는 것이 좋다. 판매품목의 단가가 높을수록 배달비나 제작비 비율이 상대적으로 줄기 때문이다. 그렇지만 품목별 판매단가는 일반적으로 어느 정도의 상하한선이 정해져 있으므로 판매 단가를 높이려면 옵션 품목을 추가하는 방법을 생각해볼 수 있다. 오프라인 꽃집에서는 옵션품목으로 제안할 수 있는 자료나 상품을 준비하여 꽃 이외의 부문에서도 매출을 증가시킬 수 있도록 하였으면 한다. 온라인업체에서는 전국 어디에서나 배달이 가능한 상품 위주로 품목을 선택한 후 온라인의 장점을 활용해 적극적으로 제안하였으면 한다.

그림 11-2
기념일에는 다른 꽃집과 차별화되는 독자적인 상품을 개발하고 활용할 수 있도록 한다.

상품의 제작 및 관리

기념일에는 많은 상품을 한꺼번에 제작해야 하므로 인력의 효율성은 물론 상품의 질도 문제가 된다. 그렇지만 대부분의 꽃집이 기념일을 기준으로 인력을 쓸 수 있는 상황도 아니므로 기념일에는 평소보다 바쁘게 움직여야 하고, 아침 일찍부터 저녁 늦게까지 추가로 근무하고 있는 실정이다. 그런데 문제는 추가로 근무한다고는 해도 1인당 작업량에 한계가 있기 때문에 매출을 일정 수준 이상 올리기가 힘들다는 것이다.

가령 꽃다발의 경우 1개의 상품을 포장하는 시간을 20분으로 계산한다면 1시간에 3개다. 하루 8시간을 근무한다고 했을 때 쉬지 않고 만들어도 24개의 상품밖에 만들 수 없고 결국 24명의 고객밖에 상대할 수 없다. 꽃다발 1개당 1만 원의 마진을 본다고 했을 때 이익은 24만 원이 한계점으로 된다. 따라

서 기념일 일주일 전부터라도 미리 리본을 접어두고, 꽃바구니용 바구니 포장, 물을 먹인 오아시스의 세팅 등을 해놓고 1~2일 전부터는 기본적인 상품을 만들어두어야 한다. 미리 만들어둔 상품은 서늘한 시기에는 문제가 없지만 어버이날이나 스승의 날이 있는 5월의 경우 개화 속도가 빨라지므로 가능한 서늘한 곳에 보관해야 한다.

업무 관리와 기록

업무 관리 및 배달

꽃집의 업무는 매우 다양해서 이것 자체가 기념일의 업무를 더욱더 복잡하게 하는 경우가 많다. 방문 고객의 접객, 상품 제작, 통신주문, 통신배달 주문, 타 지역으로 통신배달 의뢰, 주문 시간대별 배달, 배달 확인과 주문자에게 통보, 상품의 제작 상황과 꽃의 구비, 리본 글씨, 메시지카드 작성, 포장 등 동시다발적으로 많은 일을 처리해야 하기 때문이다. 그러므로 자칫하면 주문이나 발주, 메시지카드 등을 빠뜨리거나 리본의 글씨가 바뀌는 등 실수하기 쉽다. 이러한 실수를 없애기 위해서는 작업 체크리스트를 만들어놓고 진행 과정을 체크하면서 해야 한다.

기념일에는 배달도 문제가 된다. 가령 상품을 제작하여 배달한다고 할 때 상품 제작에 20분, 배달 위치 파악과 안내에 5분, 배달에 소요되는 시간 20분, 납품에 5분, 돌아오는 데 20분 정도면 상품 1개를 배달하는 데 1시간 정도가 소요되어 하루에 10개 미만밖에 배달하지 못하게 되는 것은 물론, 배달 주문 시간을 지키지 못하는 경우도 자주 발생된다. 그러므로 가능한 예약률을 높이고 배달 스케줄을 짜서 같은 방향으로 가는 것끼리 모아 배달하면 효율적이다. 아울러 콜밴, 배달위탁업체 등 다른 배달 수단도 예약하여 활용하는 게 좋다.

기록과 분석

기념일별로 꽃의 구입량, 꽃다발, 꽃박스, 꽃바구니 등 품목별 및 가격대별 판매 내역, 배달지역, 방문구매와 통신배달 주문, 고객정보 등을 기록해두면 다음 해에 보다 효율적으로 대응할 수 있는 자료가 된다. 또 매년 자신의 점포 성장률과 부문별 성장 여부를 파악할 수 있는 기본 자료가 되어 경영이나 판촉활동에 유익하게 활용할 수 있게 된다.

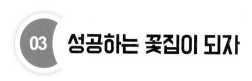

03 성공하는 꽃집이 되자

의의

지금까지 꽃집의 창업과 경영에 대해 부분적으로 나누어 간략하게 서술하였다. 여기까지 읽은 모든 분들은 꽃집의 창업이나 경영에서 남들보다 한 발 앞서갈 수 있을 것이다. 꽃집 창업과 경영에 이 책이 도움이 되고 안 되고 여부를 떠나서 이 책을 구입하고 읽었다는 것 자체만으로 적극적인 의지를 갖고 노력하고 있음을 나타내기 때문이다. 마찬가지로 꽃집을 시작하겠다고 마음먹었거나 현재 경영하고 있다면 성공하는 꽃집은 고객이 만들어주는 것이 아니라 경영주 자신이 만들어간다는 사실을 명심하고 끊임없이 노력하길 바란다.

실패한 꽃집과 성공한 꽃집

각 지역 주요 꽃집의 5년 전과 현재 모습을 비교한 결과, 5년 전과 같은 장소에서 그 모습(물론 시설은 예전에 비해 노후되어 있었다) 그대로인 곳, 꽃집 자

272

체가 아예 없어진 곳, 크게 성공해 번화가로 옮겨간 곳 등 힘들게 현상 유지를 하고 있는 꽃집, 실패한 꽃집, 성공한 꽃집으로 구분되었다.

실패한 꽃집 중 어떤 곳의 경영주는 처음 방문했을 때만 해도 몇 년 후 크게 성공한 자신을 지켜봐달라고 큰소리쳤었는데, 5년 후 다시 방문했을 때는 크게 축소된 꽃집에서 주름살만 늘어나 있었다. 그에게서 패기와 자신감은 보이지 않았다. 꿈과 희망, 그리고 도전정신보다는 현실에 안주하는 것만으로도 바쁜 것 같았고, 사회에 대한 불만으로 가득 차 있었다. 비슷한 유형의 꽃집 경영주 중에는 꽃집 업무에 열중하기보다는 컴퓨터 게임이나 고스톱, 장기에 열중하고 있다가 꽃을 구입하러 온 손님에게 짜증을 내는 사람도 있었다. 그는 고객 관리, 리본출력 등을 위해 마련해놓은 컴퓨터나 휴대전화를 효율적으로 사용하지 않고 개인 유흥용으로 사용하면서 시간만 축내고 있었다.

반면 어떤 성공한 꽃집의 경영주는 5년 전에 방문했을 때만 해도 이것저것 물어보고 그것도 모자라 이후에도 수시로 질문을 해오던 젊은 사람이었는데, 5년 후엔 시내 한복판에 커다란 점포를 마련했다. 그는 여전히 적극적인 사고방식을 가지고 점포를 경영하고 있었다.

성공하는 꽃집이 되자

경제 위축, 통신비 지출 증가, 김영란법 시행 등에 따라 꽃집의 전망은 밝다고만 할 수는 없다. 그런데 이렇듯 전체적인 소비 전망은 나쁘지만, 점포별 매출 금액은 다양해서 다른 업종과 마찬가지로 돈을 많이 버는 곳이 있는 반면 점포 운영비조차 벌지 못하고 있는 곳도 있다.

이것은 성공하는 꽃집과 실패하는 꽃집은 주변 환경보다는 경영주에 의해 좌우된다는 것을 시사한다. 따라서 꽃집 창업을 준비하고 있거나 이제 막 개업한 경영주라면 성공에 대한 적극적인 의지와 목표를 갖고 노력하여 몇 년 후에는 반드시 성공한 꽃집이 되어 과거를 되돌아보았으면 한다.

만일 현재 꽃집을 경영하고 있는 경영주라면 창업할 때 마음가짐으로 되돌아가 보았으면 한다. 당시 어떤 마음을 갖고 창업했으며, 과연 목표를 달성하였는가를 생각해본다. 굳건한 의지를 갖고 효율적인 경영을 해왔는지 아니면 노력보다는 적당히 하루하루를 보냈는지에 대해, 그리고 앞으로 개선할 점은 무엇인지 등등 분명 여러 가지로 고민해야 할 점이 있을 것이라 생각한다. 그리고 그 고민의 결과, 문제점을 파악하고 개선하여 부디 성공하는 꽃집이 되었으면 한다.

참고 문헌

1. 단행본 및 잡지

김송자, 최송자, 한명순, 한용희, 허북구. 2002. 플라워 스쿨 경영전략. 중앙생활사.

박윤점, 김송자, 한금숙, 한명순, 한용희, 허북구. 2003. 당신도 플라워 디자이너로 성공할 수 있다. 중앙생활사.

박윤점, 김유진, 허북구, 곽금이, 백진주, 박재옥. 2014. 누구나 쉽게 배우는 야생화 압화 식물도감. 중앙생활사.

박윤점, 서정근, 손기철, 이인덕, 한용희, 허북구. 2003. 알기 쉬운 장식원예총론. 중앙생활사.

박윤점, 허북구. 2001. 국제화 및 정보화 시대의 화훼유통. 원광대학교출판국.

손관화. 2004. 아름다운 생활공간을 위한 화훼장식. 중앙생활사.

손관화. 2016. 아름다운 생활공간을 위한 분식물 디자인. 중앙생활사.

손기철. 2002. 절화, 절엽, 드라이 플라워의 수확후 관리 및 취급요령. 중앙생활사.

손기철. 2014. 실내식물 사람을 살린다. 중앙생활사.

아르메리아. 2000. 배우기 쉬운 플라워 디자인. 인사랑.

안동분, 김숙현, 하성자, 전혜정, 김복선, 장양순. 2000. 5월 꽃상품 비지니스 매
뉴얼. 잠비미디어.

월버튼 저. 김광진 역. 2013. 사람을 살리는 실내공기정화식물 50. 중앙생활사.

유니프. 2001. 만들어 봐요; 꽃바구니편. 유니프.

이경옥, 이종원, 김영애. 2000. 선물용화분. 잠비미디어.

이순봉, 진재성, 한용희, 허북구. 1995. 경조화환의 이론과 실제. 화연출판사.

임성택. 1997. 임성택 플라워 랩핑 패밀리. 채빈.

임성택. 1999. 웨딩플라워. 채빈.

임성택. 2015. 임성택 꽃포장 교실. 플로라.

진재성, 한용희, 이순봉, 허북구. 1994. 신세대 신감각의 패션 꽃다발. 한국화
훼기술연구소 출판부.

한용희, 채상엽, 이순봉, 허북구. 1997. 실용웨딩부케와 웨딩카 장식. 화연출
판부.

허북구, 구신화, 이순봉, 최송자, 한용희. 2002. 실전 꽃포장 쉽게 배우기. 중앙
생활사.

허북구, 류동영, 오경택, 이경동, 천상욱. 2014. 전남 유망 틈새 자원식물의 기
능성과 산업화 전략. 세오와이재.

허북구, 박윤점. 2010. 영화로 배우는 원예치료 길잡이. 중앙생활사.

허북구, 박윤점. 2014. 국제화 시대의 화훼유통과 마케팅 전략. 세오와이재.

허북구, 박윤점. 2014. 대만 타이완의 꽃 문화와 화훼산업. 세오와이재.

허북구, 박윤점. 2014. 한국의 경조화환 꽃 문화와 절화산업. 세오와이재.

허북구, 채수천, 손기철. 2002. 화훼유통과 플라워샵 비지니스. 중앙생활사.

허북구. 1994-1996. 허북구의 비즈니스 플라워디자인. 원예경제신문사.

허북구. 1995. 화훼의 카탈로그 마케팅. 화훼협회보 169:20-21

허북구. 1996-2003. 플라워마케팅. 플라워저널.

허북구. 2001. 꽃바구니의 기초이론. 한국화예학회 4:91-118.

허북구. 2001. 시대에 맞춰 팔리는 꽃 상품 만들자. 애그리비즈니스 2(8):36-37.

허북구. 2002. 돈 잘버는 플라워샵 만들기. 중앙생활사.

허북구. 2016. 그림으로 쉽게 배우는 꽃 포장 디자인 입문. 중앙생활사.

2. 학술논문 및 학위논문

김미. 2001. 인터넷 마케팅과 플라워 샵에 관한 연구. 한국꽃예술학회지 3:16-49.

김은희. 2002. 플라워 샵의 윈도 디스플레이가 소비자의 구매욕구에 미치는 영향. 대구가톨릭대학교 석사학위논문.

김지선, 김동찬. 2014. 해외 브랜드 플라워샵의 디스플레이 구성요소 분석. 한국디자인문화학회지 20(4):143-152.

노사라. 2012. 기업적 체계의 플라워샵 운영에 관한 연구 : 아오야마 플라워 마켓을 중심으로. 한국화예디자인학연구 27:143-159.

노사라. 2014. 기업적 체계의 플라워샵 운영에 관한 연구 : 아오야마 플라워 마켓 사례를 중심으로. 숙명여자대학교 석사학위논문.

박명순. 2011. 신촌과 여의도의 플라워샵 입지별 소비자 특성 및 선호상품 비교 분석. 영남대학교 석사학위논문.

박옥남. 2009. 감성마케팅을 적용한 플라워브랜드샵 VMD전략에 관한 연구. 대구대학교 석사학위논문.

박지민. 2010. 화훼장식산업에서의 플라워숍 브랜드아이덴티티. 고려대학교
　석사학위논문.

백운정, 김신원. 2011. 플라워샵의 콜래보레이션 효과 연구. 한국디자인문화
　학회지 17(1):203-214.

안희영. 2014. 플라워 디자인 브랜드의 가치 중심 경영 전략에 관한 연구. 이
　화여자대학교 석사학위논문.

양성은. 2007. 국내 플라워디자인 브랜드 활성화 방안. 경희대학교 석사학위
　논문.

이경민, 윤민희. 2007. 국내 플라워샵 디스플레이 현황 연구 : 소담, 아드, 메
　종 드 플레, 크리스찬 또뚜 사례를 중심으로. 한국디자인문화학회지 13(3):
　49-60.

이경순. 2011. 花卉産業 트랜드 變化에 따른 플라워 샵의 롤 모델 硏究. 서울
　시립대학교 석사학위논문.

이보라. 2011. 호텔 플라워샵 실내 공간의 색채 분석 및 색채 계획에 관한 연
　구. 원광대학교 석사학위논문.

이진민. 2010. 플라워 샵의 유형 및 특성 연구. 한국화예디자인학연구 22:337-
　359.

정윤정. 2010. 한국·미국·일본 플라워 샵의 판매형태와 소비자의 구매행태
　분석. 단국대학교 석사학위논문.

최명심. 2011. 브랜드 플라워샵에 대한 플라워샵 경영주의 의식 및 화훼구매
　행태 분석. 원광대학교 석사학위논문.

최영희. 2012. Small Office and Home Office 플라워 샵 창업. 대구가톨릭대
　학교 석사학위논문.

추영희 2015. 플로리스트의 서비스 요인이 플라워 구매의도에 미치는 영향

에 관한 연구. 한국화예디자인학연구 33:163-176.

추영희. 2015. 플라워샵의 점포속성이 점포충성도에 미치는 영향에 관한 연구
: 쇼핑동기와 구매상황의 조절효과를 중심으로. 수원대학교 박사학위논문.

추영희. 2016. 플라워샵의 점포속성이 구매의도에 미치는 영향 : 성별차이에
대한 연구. 한국화예디자인학연구 34:1-20.

한상희. 2007. 플라워샵의 운영실태 및 활성화 방안에 관한 연구. 경희대학교
석사학위논문.

황지원. 2015. 브랜드 플라워 샵에 관한 연구 : 제인패커 플러워 샵의 사례를
중심으로. 숙명여자대학교 석사학위논문.

중앙경제평론사 Joongang Economy Publishing Co.
중앙생활사 | 중앙에듀북스 Joongang Life Publishing Co./Joongang Edubooks Publishing Co.

중앙경제평론사는 오늘보다 나은 내일을 창조한다는 신념 아래 설립된 경제 · 경영서 전문 출판사로서 성공을 꿈꾸는 직장인, 경영인에게 전문지식과 자기계발의 지혜를 주는 책을 발간하고 있습니다.

사업자가 꼭 알아야 할 꽃집 창업 성공 비밀노트

초판 1쇄 인쇄 | 2018년 2월 13일
초판 1쇄 발행 | 2018년 2월 20일

지은이 | 허북구(BukGu Heo) · 강나루(NaRu Kang) · 박윤점(YunJum Park)
펴낸이 | 최점옥(JeomOg Choi)
펴낸곳 | 중앙경제평론사(Joongang Economy Publishing Co.)

대   표 | 김용주
책임편집 | 유라미
본문디자인 | 박근영

출력 | 케이피알 종이 | 한솔PNS 인쇄 | 케이피알 제본 | 광신제책사

잘못된 책은 구입한 서점에서 교환해드립니다.
가격은 표지 뒷면에 있습니다.
ISBN 978-89-6054-202-0(03320)

등록 | 1991년 4월 10일 제2-1153호
주소 | ㉾ 04590 서울시 중구 다산로20길 5(신당4동 340-128) 중앙빌딩
전화 | (02)2253-4463(代) 팩스 | (02)2253-7988
홈페이지 | www.japub.co.kr 블로그 | http://blog.naver.com/japub
페이스북 | https://www.facebook.com/japub.co.kr 이메일 | japub@naver.com
♣ 중앙경제평론사는 중앙생활사 · 중앙에듀북스와 자매회사입니다.

Copyright ⓒ 2018 by 허북구 · 강나루 · 박윤점
이 책은 중앙경제평론사가 저작권자와의 계약에 따라 발행한 것이므로 본사의 서면 허락 없이는 어떠한 형태나 수단으로도 이 책의 내용을 이용하지 못합니다.

도서 **www.japub.co.kr**
주문 전화주문 : 02) 2253 - 4463

※ 이 도서의 국립중앙도서관 출판시도서목록(CIP)은 서지정보유통지원시스템 홈페이지(http://seoji.nl.go.kr)와 국가자료공동목록시스템(http://www.nl.go.kr/kolisnet)에서 이용하실 수 있습니다.(CIP제어번호:CIP2018003129)

중앙경제평론사에서는 여러분의 소중한 원고를 기다리고 있습니다. 원고 투고는 이메일을 이용해주세요.
최선을 다해 독자들에게 사랑받는 양서로 만들어 드리겠습니다. **이메일** | japub@naver.com